근현대 전법 선맥(傳法禪脈)

75조 경허 성우(鏡虛 惺牛) 전법선사

홀연히 콧구멍 없는 소 되라는 말끝에	忽聞人語無鼻孔
삼천계가 내 집임을 단박에 깨달았네	頓覺三千是我家
유월의 연암산을 내려가는 길에서	六月鷰岩山下路
일없는 야인이 태평가를 부르노라	野人無事太平歌

76조 만공 월면(滿空 月面) 전법선사

전법게

구름과 달, 산과 계곡이라, 곳곳에서 같음이여	雲月溪山處處同
선가의 나의 제자 수산의 큰 가풍일세	叟山禪子大家風
은근히 무문인을 그대에게 분부하니	慇懃分付無文印
이 기틀의 방편이 활안 중에 있노라	一段機權活眼中

* 제75조 경허 성우 전법선사 전함 / 제76조 만공 월면 전법선사 받음

77조 전강 영신(田岡 永信) 전법선사

전법게

불조도 전한 바 없어서	佛祖未曾傳
나 또한 얻은 바 없음을…	我亦無所得
가을빛 저물어 가는 날에	此日秋色暮
뒷산의 원숭이가 울고 있네	猿嘯在後峰

* 제76조 만공 월면 전법선사 전함 / 제77조 전강 영신 전법선사 받음

78조 농선 대원(弄禪 大圓) 전법선사

전법게

부처와 조사도 일찍이 전한 것이 아니거늘	佛祖未曾傳
나 또한 어찌 받았다 하며 준다 할 것인가	我亦何受授
이 법이 2천년대에 이르러서	此法二千年
널리 천하 사람을 제도하리라	廣度天下人

부송(付頌)

어상을 내리지 않고 이러-히 대한다 함이여	不下御床對如是
뒷날 돌아이가 구멍 없는 피리를 불리니	後日石兒吹無孔
이로부터 불법이 천하에 가득하리라	自此佛法滿天下

* 제77조 전강 영신 전법선사 전함 / 제78대 농선 대원 전법선사 받음

이 오도송과 전법게는 농선 대원 선사님께서 법리에 맞도록 새롭게 번역한 것입니다.

불조정맥 제 77조 대한불교 조계종 전강 대선사님께서는, 16세에 출가하여 23세 때 첫 깨달음을 얻고 25세에 인가를 받으셨다. 당대의 7대 선지식인 만공, 혜봉, 혜월, 한암, 금봉, 보월, 용성 선사님의 인가를 한 몸에 받으셨으며, 이 중 만공 선사님께 전법게를 받아 그 뒤를 이으셨다. 당대의 선지식들이 모두 극찬할 정도로 그 법이 뛰어나서 '지혜제일 정전강' 이라 불렸다.
33세의 최연소의 나이로 통도사 조실을 하셨고, 법주사, 망월사, 동화사, 범어사, 천축사, 용주사, 정각사 등 유명선원 조실을 역임하시고 인천 용화사 법보선원의 조실로 일생을 마치셨다.
1975년 1월 13일, 용화사 법보선원의 천여 명 대중 앞에서 "어떤 것이 생사대사(生死大事)인고?" 자문한 후에 "악! 구구는 번성(飜成) 팔십일이니라."라고 법문한 뒤, 눈을 감고 좌탈입망하셨다.
다비를 하던 날, 화려한 불빛이 일고 정골에서 구슬 같은 사리가 무수히 나왔다. 열반하시기까지 한결같이 공안 법문으로 최상승법을 드날리셨으니 그 투철한 깨달음과 뛰어난 법, 널리 교화하기를 그치지 않으셨던 점에 있어서 한국 근대 선종의 거목이라 일컬어지고 있다.

불조정맥 제 78대 농선 대원 전법선사님
- 전강대법회에서 법문 중 할을 하시는 모습

오로지 정법만을 깨닫기 서원합니다.

입을 열면 정법만을 설하기 서원합니다.

중생이 다하는 그날까지 교화하기 서원합니다.

- 농선 대원 전법선사의 3대 서원

불교 8대 선언문

불교는 자신에게서 영생을 발견하게 한 유일한 종교이다.
불교는 자신에게서 모든 지혜를 발견하게 한 유일한 종교이다.
불교는 자신에게서 모든 능력을 발견하게 한 유일한 종교이다.
불교는 자신에게서 모든 것을 이루게 한 유일한 종교이다.
불교는 자신에게서 극락을 발견하게 한 유일한 종교이다.
불교는 깨달으면 차별 없어 평등하다는 유일한 종교이다.
불교는 모든 억압 없이 자신감을 갖게 한 유일한 종교이다.
불교는 그러므로 온 누리에 영원할 만인의 종교이다.

- 농선 대원 전법선사 주창

전세계의 불교계에서 통일시켜야 할 일

경전의 말씀대로 32상과 80종호를 갖춘 불상으로 통일해야 한다.

예불 드리는 법을 통일해야 한다.

불공의식을 통일해야 한다.

- 농선 대원 전법선사 주창

2017년 육조사 청도정맥선원 농선 대원 선사님의 법회

대방광불화엄경

大 方 廣 佛 華 嚴 經

제 29 권

십회향품 ⑦

十 廻 向 品

도서출판 문젠(구, 바로보인)은 정맥선원에서 운영하고 있습니다.

* 인제산(人濟山) 성불사(成佛寺) 국제정맥선원
경기도 포천시 내촌면 소리개길 86-178 ☎ 031-531-8805 ☎ 010-6431-8805
* 인제산(人濟山) 이룬절 포천정맥선원
경기도 포천시 내촌면 소리개길 86-123 ☎ 031-531-2433 ☎ 010-3880-8980
* 자모산(慈母山) 육조사(六祖寺) 청도정맥선원
경북 청도군 매전면 동산리 산 50 ☎ 010-9800-6109
* 백양산(白楊山) 자모사(慈母寺) 부산정맥선원
부산시 동래구 아시아드대로 114번길 10 대륙코리아나 2층 212호
☎ 051-503-6460 ☎ 010-2951-8667
* 광암산(光巖山) 성도사(成道寺) 광주정맥선원
광주광역시 광산구 삼도광암길 34 ☎ 062-944-4088 ☎ 010-8670-1445
* 대통산(大通山) 대통사(大通寺) 해남정맥선원
전남 해남군 화산면 송계길 132-98 중정마을 ☎ 061-536-6366 ☎ 010-8938-2438

바로보인 불법 ㊳

화 엄 경 29권

초판 1쇄 펴낸날 단기 4351년, 불기 3045년, 서기 2018년 7월 20일

역　　저 농선 대원 선사
펴 낸 곳 도서출판 문젠(Moonzen Press)
11192,경기도 포천시 내촌면 소리개길 86-178
전화 031-534-3373 팩스 031-533-3387
신 고 번 호 2010.11.24. 제2010-000004호

윤 문 교 정 증연 강영미
편집 전자책 제작 도향 하가연
표 지 그 림 현정(玄禎)
인　　쇄 가람문화사

도서출판문젠 www.moonzenpress.com
정 맥 선 원 www.zenparadise.com
사막화방지국제연대(IUPD) www.iupd.org

값 15,000원
ISBN 978-89-6870-029-3 04220
ISBN 978-89-6870-000-2 (전81권)

華嚴十無頌 화엄십무송

- 농선 대원 선사

無相法性常顯前
상이 없는 법성은 언제나 드러나 있고

無性諸法如谷響
성품이 없는 모든 법은 골짜기에 메아리 같도다

無外作處是自在
밖이 없이 짓는 곳을 이 자재라 하는 것이니

無非華嚴大道場
화엄 대도량 아님이 없음이로다

無窮無盡光神通
궁구할 수 없고 다함 없는 광명의 신통에서

無不出生三千界
삼천대천세계가 나오지 않음이 없도다

無碍相卽大自在
걸림이 없이 서로 즉한 대자재여

無爲之法是日常
함이 없는 법이 일상이로다

無有定法隨狀況
정한 법 없어 상황을 따름이여

無上無爲妙菩提
위 없고 함이 없는 묘보리로다

바로보인 불법 ㊳

화엄경(華嚴經) 29권

농선 대원 선사 역저

二十五 、십회향품 (十廻向品) ⑦

서 문

가없이 크고 넓어 광대함이여!
모양 없는 그 가운데 본래 갖춤
증득한 지혜인이라야 아네

남섬부주 일체의 나툼이여
본래의 갖춤에 비하자면
천만억분의 일도 안 된다네

이러-히 온통 온통함이여!
모두 갖춘 본연한 이 장엄을
'대방광불화엄'이라 하네

단기(檀紀) 4345년
불기(佛紀) 3039년

무등산인 농선 대원
(無等山人 弄禪 大圓)

81권 화엄경 권과 품

1. 세주묘엄품(世主妙嚴品) 화엄경 1권 ~ 5권
2. 여래현상품(如來現相品) 화엄경 6권
3. 보현삼매품(普賢三昧品) 화엄경 7권
4. 세계성취품(世界成就品) 화엄경 7권
5. 화장세계품(華藏世界品) 화엄경 8권 ~ 10권
6. 비로자나품(毘盧遮那品) 화엄경 11권
7. 여래명호품(如來名號品) 화엄경 12권
8. 사성제품(四聖諦品) 화엄경 12권
9. 광명각품(光明覺品) 화엄경 13권
10. 보살문명품(菩薩問明品) 화엄경 13권
11. 정행품(淨行品) 화엄경 14권
12. 현수품(賢首品) 화엄경 14권 ~ 15권
13. 승수미산정품(升須彌山頂品) 화엄경 16권
14. 수미정상게찬품(須彌頂上偈讚品) 화엄경 16권
15. 십주품(十住品) 화엄경 16권
16. 범행품(梵行品) 화엄경 17권
17. 초발심공덕품(初發心功德品) 화엄경 17권
18. 명법품(明法品) 화엄경 18권
19. 승야마천궁품(昇夜摩天宮品) 화엄경 19권
20. 야마궁중게찬품(夜摩宮中偈讚品) 화엄경 19권

21. 십행품(十行品) 화엄경 19권 ~ 20권
22. 십무진장품(十無盡藏品) 화엄경 21권
23. 승도솔천궁품(昇兜率天宮品) 화엄경 22권
24. 도솔궁중게찬품(兜率宮中偈讚品) 화엄경 23권
25. 십회향품(十迴向品) 화엄경 23권 ~ 33권
26. 십지품(十地品) 화엄경 34권 ~ 39권
27. 십정품(十定品) 화엄경 40권 ~ 43권
28. 십통품(十通品) 화엄경 44권
29. 십인품(十忍品) 화엄경 44권
30. 아승기품(阿僧祇品) 화엄경 45권
31. 여래수량품(如來壽量品) 화엄경 45권
32. 제보살주처품(諸菩薩住處品) 화엄경 45권
33. 불부사의법품(佛不思議法品) 화엄경 46권 ~ 47권
34. 여래십신상해품(如來十身相海品) 화엄경 48권
35. 여래수호광명공덕품(如來隨好光明功德品) 화엄경 48권
36. 보현행품(普賢行品) 화엄경 49권
37. 여래출현품(如來出現品) 화엄경 50권 ~ 52권
38. 이세간품(離世間品) 화엄경 53권 ~ 59권
39. 입법계품(入法界品) 화엄경 60권 ~ 80권
40. 보현행원품(普賢行願品) 화엄경 81권

차 례

일러두기

1. 화엄경 본문을 지나치게 세밀하게 나누어 긴 주해를 싣지 않은 것은 그로 해서 원문의 흐름이 끊어지게 되지 않을까 하는 우려에서이다. 이런 까닭에 다만 수없이 장고(長考)하며 최대한 원문에 충실하게 번역하고 각권의 마지막이나 각품의 마지막에만 결문(結文)을 더하였다. 화엄경 본문이 이치적으로 더할 나위 없이 샅샅이 불화엄의 화장세계를 밝힌 것이라면 결문은 화엄경의 화장세계를 선(禪) 도리로 간략히 바로 끊어 보인 것이다. 이로써 경의 본뜻이 굴절 없이 전달되어 화엄의 세계가 독자의 세계가 되기를 바란다.
2. 요즈음 화엄경을 접한 이들이 최고의 경전이라 불리는 화엄경 첫머리부터 '신(神)'이라는 호칭으로 기록된 분들이 많은 것을 보고 의아하게 생각하는 경우가 있다. 화엄경의 첫머리인 세주묘엄품을 보면 이 '신(神)'이라는 호칭으로 기록된 분들이 불보살님의 화현이거나 보살마하살의 경지에서 행하는 분들임을 알 수 있다. 이런 까닭에 이 책에서는 '신(神)'을 '천제(天帝)'로 번역하였다. 예를 들면, '집금강신'은 '집금강천제'로 의역하였다. 천제는 그 세계를 다스리고 교화하는 분, 곧 깨달아, 삼매와 지혜와 덕과 신통과 방편과 변재를 갖추어서 다스리고 교화하는 분을 말한다.
3. 미주는 *로 표시하였다.

二十五 십회향품 ⑦

佛子 云何爲菩薩摩訶薩 等隨順一切衆生廻向 佛子 此菩薩摩訶薩 隨所積集一切善根 所謂小善根 大善根 廣善根 多善根 無量善根 種種善根 微塵數善根 阿僧祇善根 無邊際善根 不可思善根 不可量善根 佛境界善根 法境界善根 僧境界善根 善知識境界善根 一切衆生境界善根 方便善巧境界善根 修諸善心境界善根 內境界善根 外境界善根 無邊助道法境界善根 勤修一切捨善根 立勝志究竟持淨戒善根 一切捨無不受堪忍善根 常精進心無退善根

7) 제7 일체 중생을 평등하게 수순하는 회향 (等隨順一切衆生廻向)

"불자들이여, 어떤 것을 보살마하살의 일체 중생을 평등하게 수순하는 회향이라 합니까?

불자들이여, 이 보살마하살이 곳마다 일체 선근을 쌓으니, 작은 선근과 큰 선근과 넓은 선근과 많은 선근과 한량없는 선근과 갖가지 선근과 가는 티끌 수 만큼의 선근과 아승기 수의 선근과 끝이 없는 선근과 불가사의한 선근과 헤아릴 수 없는 선근과 부처님의 경계 선근과 법의 경계 선근과 승(僧)의 경계 선근과 선지식의 경계 선근과 일체 중생의 경계 선근과 공교한 방편의 경계 선근과 모든 착한 마음을 닦는 경계 선근과 안의 경계 선근과 밖의 경계 선근과 끝없는 조도법의 경계 선근과 일체 베푸는 것을 부지런히 닦는 선근과 뛰어난 뜻을 세워 구경에는 청정한 계를 지니는 선근과 일체를 베풀되 감내해 주지 않음이 없는 선근과 항상 정진하여 마음에 물러남이 없는 선근과

以大方便 入無量三昧善根 以智慧善觀察善根 知一切衆生心行差別善根 集無邊功德善根 勤修習菩薩業行善根 普覆育一切世間善根 佛子 菩薩摩訶薩 於此善根 修行安住趣入攝受 積集辦具 悟解心淨 開示發起時 得堪忍心 閉惡趣門 善攝諸根 威儀具足 遠離顚倒 正行圓滿 堪爲一切諸佛法器 能作衆生福德良田 爲佛所念 長佛善根 住諸佛願行諸佛業

큰 방편으로써 한량없는 삼매에 들어가는 선근과 지혜로써 잘 관찰하는 선근과 일체 중생의 마음과 행에 차별을 아는 선근과 끝없는 공덕을 모으는 선근과 보살의 업행을 부지런히 닦아 익히는 선근과 널리 일체 세간을 감싸 기르는 선근입니다.

불자들이여, 보살마하살이 이 선근을 닦아 행하여 편안히 머무르고, 들어가 거두어 받아들이며, 쌓아서 힘써 갖추고, 깨달아 아는 마음이 청정하며, 열어 보이고 발하여 일으킬 때에 참고 견디는 마음을 얻어 악취(惡趣)의 문을 닫습니다.

모든 근을 잘 거두어 위의를 구족하고, 엎어지고 거꾸러짐을 멀리 여의어 바른 행이 원만하며, 일체 모든 부처님의 법의 그릇이 되어 중생들의 훌륭한 복덕의 밭이 되고, 부처님께서 생각하시는 바가 되어 부처님의 선근을 기르며, 모든 부처님의 원에 머물러 모든 부처님의 업을 행하고,

心得自在 等三世佛 趣佛道場 入如來力 具佛色相 超諸世間 不樂生天 不貪富樂 不着諸行 一切善根 悉以廻向 爲諸衆生功德之藏 住究竟道 普覆一切 於虛妄道中 拔出衆生 令其安住一切善法 遍諸境界 無斷無盡 開一切智菩提之門 建立智幢 嚴淨大道 普能示現一切世間 令除垢染 心善調伏 生如來家 淨佛種性 功德具足 作大福田 爲世所依 安立衆生 咸令淸淨 常勤修習一切善根

마음의 자재함을 얻어 삼세 부처님과 평등하며, 부처님의 도량에 나아가 여래의 위력에 들어가고, 부처님의 색상을 갖추어서 모든 세간을 초월하며, 천상에 나는 것을 좋아하지 않으며 부의 즐거움을 탐하지도 않고 모든 행에 집착하지 않아 일체 선근을 모두 회향하며, 모든 중생의 공덕의 보배장이 되어 구경의 도에 머물러서 일체를 널리 감싸주고, 허망한 길에서 중생들을 빼내어 그로 하여금 일체 착한 법에 편안히 머물게 하여서 모든 경계에 두루 하여 끊어짐도 없고 다함도 없으며, 일체 지혜의 보리문을 열고 지혜의 당기를 세워서 큰 도를 청정하게 장엄하고, 일체 세간에 두루 나타내보여 더러운 때를 없애게 하고 마음이 잘 조복되어 여래의 가문에 나며, 부처님의 종자 성품을 깨끗이 하여서 공덕을 구족하고 큰 복밭을 지어 세간이 의지하는 바가 되고, 중생을 안립하여 모두 청정하게 하고 항상 일체 선근을 부지런히 닦아 익힙니다.

佛子 菩薩摩訶薩 以淨志願菩提心力 修諸善根時 作是念言 此諸善根 是菩提心之所積集 是菩提心之所思惟 是菩提心之所發起 是菩提心之所志樂 是菩提心之所增益 皆爲憐愍一切衆生 皆爲趣求一切種智 皆爲成就如來十力 作是念時 善根增進 永不退轉 佛子 菩薩摩訶薩 復作是念 願我以此善根果報 盡未來劫 修菩薩行 悉以惠施一切衆生 悉以迴向一切衆生 普遍無餘

불자들이여, 보살마하살이 청정한 뜻의 원력과 보리심의 힘으로 모든 선근을 닦을 때에 이런 생각을 하기를 '이 모든 선근은 이 보리심으로 쌓은 것이고, 이 보리심으로 사유한 것이며, 이 보리심으로 발하여 일으킨 것이고, 이 보리심으로 뜻한 바를 즐거워한 것이며, 이 보리심으로 이익을 더한 것이다. 모두 일체 중생을 불쌍히 여기기 때문이고, 모두 일체종지를 나아가 구하기 때문이며, 모두 여래의 십력을 성취하기 때문이다.'라고 합니다.

이런 생각을 할 때에 선근이 증진되어 영원히 퇴전하지 않습니다.

불자들이여, 보살마하살이 다시 이런 생각을 하기를 '내가 이 선근의 과보로써 미래겁이 다하도록 보살행을 닦아서 일체 중생에게 모두 은혜롭게 보시하고, 일체 중생에게 모두 회향하여 남음이 없이 널리 두루 하기를 서원하나이다.

願令阿僧祇世界 珍寶充滿 阿僧祇世界 衣服充滿 阿僧祇世界 妙香充滿 阿僧祇世界 莊嚴具充滿 阿僧祇世界 無量摩尼寶充滿 阿僧祇世界 妙華充滿 阿僧祇世界 上味充滿 阿僧祇世界 財貨充滿 阿僧祇世界 床座充滿 蓋以寶帳 敷以妙衣 阿僧祇世界 種種莊嚴 寶冠充滿 假使一人 盡未來劫 常來求索 以此等物 而惠施之 未曾厭倦 而有休息 如於一人 於一切衆生 悉亦如是

아승기 수의 세계에 진귀한 보배를 가득히 채우고, 아승기 수의 세계에 의복을 가득히 채우며, 아승기 수의 세계에 묘한 향을 가득히 채우고, 아승기 수의 세계에 장엄구를 가득히 채우며, 아승기 수의 세계에 한량없는 마니보배를 가득히 채우고, 아승기 수의 세계에 묘한 꽃을 가득히 채우며, 아승기 수의 세계에 최상의 맛을 가득히 채우고, 아승기 수의 세계에 재물을 가득히 채우며, 아승기 수의 세계에 평상을 가득히 채우되 보배 휘장을 두르며 묘한 옷을 펼쳐 놓고, 아승기 수의 세계에 갖가지로 장엄한 보배 관을 가득히 채우네.

설사 어떤 사람이 미래겁이 다하도록 항상 와서 구하여 찾더라도 이와 같은 등의 물건으로써 은혜롭게 보시하되 일찍이 싫증내거나 쉰 적이 없으니, 한 사람에게 하듯이 일체 중생에게도 다 또한 이와 같이 하기를 서원하나이다.'라고 합니다.

佛子 菩薩摩訶薩 如是施時 無虛僞心 無希望心 無名譽心 無中悔心 無熱惱心 但發專求一切智道心 一切悉捨心 哀愍衆生心 教化成熟心 皆令安住一切智智心 佛子 菩薩摩訶薩 以諸善根 如是迴向 盡未來劫 常行惠施 住一切智智心 佛子 菩薩摩訶薩 復作是念 我爲一衆生故 欲令阿僧祇世界 寶象充滿 七支具足 性極調順 上立金幢 金網彌覆 種種妙寶 而爲莊嚴 以用布施

불자들이여, 보살마하살이 이와 같이 보시할 때에 헛되거나 거짓된 마음이 없고, 바라는 마음이 없으며, 명예에 마음이 없고, 도중에 후회하는 마음이 없으며, 뜨거운 번뇌의 마음도 없습니다.

다만 오로지 일체 지혜의 도를 구하는 마음과 일체를 다 베푸는 마음과 중생을 불쌍히 여기는 마음과 교화하여 성숙시키려는 마음과 모두 일체지의 지혜에 편안히 머물게 하려는 마음을 발할 뿐입니다.

불자들이여, 보살마하살이 모든 선근으로써 이와 같이 회향하여 미래겁이 다하도록 항상 은혜롭게 보시를 행하여서 일체지의 지혜의 마음에 머뭅니다.

불자들이여, 보살마하살이 다시 이런 생각을 하기를 '내가 한 중생을 위할지라도 아승기 수의 세계에 보배 코끼리를 가득히 채우니 일곱 가지를 구족하고 성품이 지극히 고르고 유순하여서 위에 금당기를 세워 금그물을 두루 덮고 갖가지 묘한 보배로 장엄한 것을 보시에 쓰고자 하며,

願令阿僧祇世界 寶馬充滿 如龍馬王 種種衆寶莊嚴之具而嚴飾之 持用布施 願令阿僧祇世界 妓女充滿 悉能敷奏種種妙音 持用布施 願令阿僧祇世界 男女充滿 持用布施願令阿僧祇世界 己身充滿 發菩提心 而用布施 願令阿僧祇世界 己頭充滿 起不放逸心 而用布施 願令阿僧祇世界己眼充滿 而用布施 願令阿僧祇世界 己身血肉 及以骨髓充滿其中 心無顧戀 持用布施 願令阿僧祇世界 自在王位充滿其中 持用布施 願令阿僧祇世界 奴僕作使 充滿其中持用布施

아승기 수의 세계에 보배 말을 가득히 채우니 마치 용마*왕과 같이 갖가지 온갖 보배 장엄구로 화려하게 장식하여 보시에 쓰기를 서원하고, 아승기 수의 세계에 기녀들을 가득히 채우니 모두 갖가지 묘한 소리를 널리 연주하여 보시에 쓰기를 서원하며, 아승기 수의 세계에 남자와 여자를 가득히 채워 보시에 쓰기를 서원하고, 아승기 수의 세계에 내 몸을 가득히 채워 보리심을 발하여 보시에 쓰기를 서원하며, 아승기 수의 세계에 내 머리를 가득히 채워 방일하지 않는 마음을 일으켜 보시에 쓰기를 서원하고, 아승기 수의 세계에 내 눈을 가득히 채워 보시에 쓰기를 서원하며, 아승기 수의 세계에 내 몸의 피와 살과 골수를 그 가운데 가득히 채워 마음에 연연해 하는 것 없이 보시에 쓰기를 서원하고, 아승기 수의 세계에 자재한 왕위를 그 가운데 가득히 채워 보시에 쓰기를 서원하며, 아승기 수의 세계에 노복과 하인을 그 가운데 가득히 채워 보시에 쓰기를 서원하나이다.'라고 합니다.

菩薩摩訶薩 以如是等種種諸物 盡未來劫 安住廣大一切施心 施一衆生 如一衆生 盡衆生界一切衆生 皆如是施 佛子 菩薩摩訶薩 於一世界 盡未來劫 修菩薩行 以是等物 施一衆生 如是給施一切衆生 皆令滿足 如於一世界 於盡虛空遍法界一切世界中 悉亦如是 大悲普覆 終無間息 普加哀愍 隨其所須 供給供養 不令施行 遇緣而息 乃至不於一彈指頃 生疲倦心

보살마하살이 이러한 등의 갖가지 모든 물건으로 미래겁이 다하도록 일체의 것을 보시하려는 광대한 마음에 편안히 머물러 한 중생에게 보시하니, 한 중생에게 하듯이 모든 중생세계의 일체 중생에게도 다 이와 같이 보시합니다.

불자들이여, 보살마하살이 한 세계에서 미래겁이 다하도록 보살행을 닦으면서 이와 같은 등의 물건으로 한 중생에게 보시하니, 이와 같이 일체 중생에게도 베풀어 주어 모두를 만족하게 하고, 한 세계에서와 같이 온 허공법계에 두루한 일체 세계 가운데서도 다 또한 이와 같이 하되 대비로 널리 감싸 끝내 조금도 휴식함이 없으며, 널리 불쌍히 여겨서 그 필요로 하는 바를 따라 베풀어 공양하되 보시를 행함에 인연을 만나도 쉼이 없고, 더 나아가서 손가락 한 번 튕길 사이에도 피로해 하거나 게으른 마음을 내지 않습니다.

佛子 菩薩摩訶薩 如是施時 生於此心 所謂無着心 無縛心 解脫心 大力心 甚深心 善攝心 無執心 無壽者心 善調伏心 不散亂心 不妄計心 具種種實性心 不求果報心 了達一切法心 住大廻向心 善決諸義心 令一切衆生 住無上智心 生大法光明心 入一切智智心 佛子 菩薩摩訶薩 以所集善根 於念念中 如是廻向 所謂願一切衆生 財寶豊足 無所乏少 願一切衆生 成就無盡大功德藏

불자들이여, 보살마하살이 이와 같이 보시할 때에 이러한 마음을 내니, 집착이 없는 마음과 얽힘이 없는 마음과 해탈의 마음과 큰 힘의 마음과 심히 깊은 마음과 잘 거두어 주는 마음과 고집이 없는 마음과 수자(壽者)*가 없는 마음과 잘 조복하는 마음과 산란하지 않은 마음과 망령되게 헤아리지 않는 마음과 갖가지 실다운 성품을 갖춘 마음과 과보를 구하지 않는 마음과 일체 법을 분명하게 통달하는 마음과 큰 회향에 머무는 마음과 모든 이치를 잘 결정하는 마음과 일체 중생으로 하여금 위없는 지혜에 머물게 하는 마음과 큰 법의 광명을 내는 마음과 일체지의 지혜에 들어가는 마음입니다.

불자들이여, 보살마하살이 모은 바 선근으로써 생각마다 이와 같이 회향하기를 '일체 중생이 재화와 보물이 풍족하여 부족함이 없기를 서원하고, 일체 중생이 다함이 없는 큰 공덕의 보배장을 성취하기를 서원하며,

願一切衆生 具足一切安隱快樂 願一切衆生 增長菩薩摩訶薩業 願一切衆生 成滿無量第一勝法 願一切衆生 得不退轉一切智乘 願一切衆生 普見十方一切諸佛 願一切衆生 永離世間諸惑塵垢 願一切衆生 皆得淸淨平等之心 願一切衆生 離諸難處 得一切智 佛子 菩薩摩訶薩 如是廻向時 發歡喜心 爲令一切衆生 得利益安樂故 爲令一切衆生 得平等心故 爲令一切衆生 住能捨心故

일체 중생이 일체의 편안함과 즐거움을 구족하기를 서원하고, 일체 중생이 보살마하살의 업을 더욱 더하기를 서원하며, 일체 중생이 한량없고 제일가는 뛰어난 법을 원만하게 이루기를 서원하고, 일체 중생이 퇴전하지 않는 일체 지혜의 법을 얻기를 서원하며, 일체 중생이 널리 시방의 일체 모든 부처님을 뵙기를 서원하고, 일체 중생이 세간의 모든 미혹의 티끌과 때를 영원히 여의기를 서원하며, 일체 중생이 모두 청정하고 평등한 마음을 얻기를 서원하고, 일체 중생이 모든 어려운 곳을 여의는 일체 지혜를 얻기를 서원하나이다.'라고 합니다.

불자들이여, 보살마하살이 이와 같이 회향할 때에 환희하는 마음을 일으키니, 일체 중생으로 하여금 이익과 편안한 즐거움을 얻게 하기 위한 까닭이고, 일체 중생으로 하여금 평등심을 얻게 하기 위한 까닭이며, 일체 중생으로 하여금 베푸는 마음에 머물게 하기 위한 까닭이고,

爲令一切衆生 住一切施心故 爲令一切衆生 住歡喜施心故 爲令一切衆生 住永離貧窮施心故 爲令一切衆生 住一切財寶施心故 爲令一切衆生 住無數財寶施心故 爲令一切衆生 住普施無量施一切施心故 爲令一切衆生 住盡未來劫無斷施心故 爲令一切衆生 住一切悉捨無悔無惱施心故

일체 중생으로 하여금 일체를 보시하는 마음에 머물게 하기 위한 까닭이며, 일체 중생으로 하여금 기쁨으로 보시하는 마음에 머물게 하기 위한 까닭이고, 일체 중생으로 하여금 영원히 빈궁함을 벗어나 보시하는 마음에 머물게 하기 위한 까닭이며, 일체 중생으로 하여금 일체 재화와 보물을 보시하는 마음에 머물게 하기 위한 까닭이고, 일체 중생으로 하여금 셀 수 없는 재화와 보물을 보시하는 마음에 머물게 하기 위한 까닭이며, 일체 중생으로 하여금 두루한 보시와 한량없는 보시와 일체 보시하는 마음에 머물게 하기 위한 까닭이고, 일체 중생으로 하여금 미래겁이 다하도록 끊어짐이 없이 보시하는 마음에 머물게 하기 위한 까닭이며, 일체 중생으로 하여금 일체를 다 베풀되 후회함과 괴로움이 없이 보시하는 마음에 머물게 하기 위한 까닭이고,

爲令一切衆生 住悉捨一切資生之物施心故 爲令一切衆生住隨順施心故 爲令一切衆生 住攝取施心故 爲令一切衆生 住廣大施心故 爲令一切衆生 住捨無量莊嚴具供養施心故 爲令一切衆生 住無着施心故 爲令一切衆生 住平等施心故 爲令一切衆生 住如金剛極大力施心故 爲令一切衆生 住如日光明施心故 爲令一切衆生 住攝如來智施心故

일체 중생으로 하여금 일체 생활에 필요한 물건을 모두 베풀어 보시하는 마음에 머물게 하기 위한 까닭이며, 일체 중생으로 하여금 수순하여 보시하는 마음에 머물게 하기 위한 까닭이고, 일체 중생으로 하여금 거두어 주는 보시하는 마음에 머물게 하기 위한 까닭이며, 일체 중생으로 하여금 광대하게 보시하는 마음에 머물게 하기 위한 까닭이고, 일체 중생으로 하여금 한량없는 장엄구를 베풀어 공양 올리는 보시하는 마음에 머물게 하기 위한 까닭이며, 일체 중생으로 하여금 집착이 없이 보시하는 마음에 머물게 하기 위한 까닭이고, 일체 중생으로 하여금 평등하게 보시하는 마음에 머물게 하기 위한 까닭이며, 일체 중생으로 하여금 금강과 같이 극히 큰 힘으로 보시하는 마음에 머물게 하기 위한 까닭이고, 일체 중생으로 하여금 태양의 광명과 같이 보시하는 마음에 머물게 하기 위한 까닭이며, 일체 중생으로 하여금 여래의 지혜를 지녀서 보시하는 마음에 머물게 하기 위한 까닭이고,

爲令一切衆生 善根眷屬 具足故 爲令一切衆生 善根智慧常現在前故 爲令一切衆生 得不可壞淨心圓滿故 爲令一切衆生 成就最勝淸淨善根故 爲令一切衆生 於煩惱睡眠中得覺悟故 爲令一切衆生 滅除一切諸疑惑故 爲令一切衆生 得平等智慧淨功德故 爲令一切衆生 功德圓滿 無能壞者故 爲令一切衆生 具足淸淨不動三昧故 爲令一切衆生住不可壞一切智智故

일체 중생으로 하여금 선근의 권속을 구족하게 하기 위한 까닭이며, 일체 중생으로 하여금 선근의 지혜가 항상 목전에 나타나게 하기 위한 까닭이고, 일체 중생으로 하여금 무너뜨릴 수 없는 깨끗한 마음의 원만함을 얻게 하기 위한 까닭이며, 일체 중생으로 하여금 가장 뛰어나고 청정한 선근을 성취하게 하기 위한 까닭이고, 일체 중생으로 하여금 번뇌하거나 잠자는 가운데에서도 깨달음을 얻게 하기 위한 까닭이며, 일체 중생으로 하여금 일체 모든 의혹을 멸하여 없애게 하기 위한 까닭이고, 일체 중생으로 하여금 평등한 지혜와 깨끗한 공덕을 얻게 하기 위한 까닭이며, 일체 중생으로 하여금 공덕이 원만하여 무너뜨릴 이가 없게 하기 위한 까닭이고, 일체 중생으로 하여금 청정하고 움직이지 않는 삼매를 구족하게 하기 위한 까닭이며, 일체 중생으로 하여금 무너뜨릴 수 없는 일체지의 지혜에 머물게 하기 위한 까닭이고,

爲令一切衆生 成滿菩薩無量淸淨神通行故 爲令一切衆生 修集無着善根故 爲令一切衆生 念去來今一切諸佛心淸淨故 爲令一切衆生 出生淸淨勝善根故 爲令一切衆生 滅除一切魔所作業障道法故 爲令一切衆生 具足無礙淸淨平等功德法故 爲令一切衆生 以廣大心 常念諸佛 無懈廢故 爲令一切衆生 常近諸佛 勤供養故

일체 중생으로 하여금 보살의 한량없이 청정한 신통의 행을 원만히 이루게 하기 위한 까닭이며, 일체 중생으로 하여금 집착함이 없는 선근을 닦아 모으게 하기 위한 까닭이고, 일체 중생으로 하여금 과거와 미래와 현재의 일체 모든 부처님의 마음이 청정하심을 생각하게 하기 위한 까닭이며, 일체 중생으로 하여금 청정하고 뛰어난 선근을 내게 하기 위한 까닭이고, 일체 중생으로 하여금 일체 마군이 짓는 업과 도법에 장애되는 것을 멸하여 없애게 하기 위한 까닭이며, 일체 중생으로 하여금 걸림 없고 청정하며 평등한 공덕의 법을 구족하게 하기 위한 까닭이고, 일체 중생으로 하여금 광대한 마음으로 항상 모든 부처님을 생각함에 피곤하여 그만둠이 없게 하기 위한 까닭이며, 일체 중생으로 하여금 항상 모든 부처님을 가까이하여 부지런히 공양 올리게 하기 위한 까닭이고,

爲令一切衆生 廣開一切諸善根門 普能圓滿白淨法故 爲令一切衆生 無量心廣大心最勝心 悉淸淨故 爲令一切衆生成就淸淨等施心故 爲令一切衆生 奉持諸佛尸波羅蜜 等淸淨故 爲令一切衆生 得大堪忍波羅蜜故 爲令一切衆生住精進波羅蜜 常無懈故 爲令一切衆生 住無量定 能起種種神通智故 爲令一切衆生 得知一切法無體性般若波羅蜜故 爲令一切衆生 圓滿無邊淨法界故

일체 중생으로 하여금 일체 모든 선근의 문을 넓게 열어서 밝고 깨끗한 법을 널리 원만하게 하기 위한 까닭이며, 일체 중생으로 하여금 한량없는 마음과 광대한 마음과 가장 뛰어난 마음을 모두 청정하게 하기 위한 까닭이고, 일체 중생으로 하여금 청정하고 평등한 보시의 마음을 성취하게 하기 위한 까닭이며, 일체 중생으로 하여금 모든 부처님의 지계바라밀을 받들어 지녀서 평등하고 청정하게 하기 위한 까닭이고, 일체 중생으로 하여금 큰 인욕[大堪忍]바라밀을 얻게 하기 위한 까닭이며, 일체 중생으로 하여금 정진바라밀에 머물러 항상 게으름이 없게 하기 위한 까닭이고, 일체 중생으로 하여금 한량없는 선정에 머물러 갖가지 신통과 지혜를 일으키게 하기 위한 까닭이며, 일체 중생으로 하여금 일체 법은 성품의 몸이 없음을 아는 반야바라밀을 얻게 하기 위한 까닭이고, 일체 중생으로 하여금 가없이 청정한 법계를 원만하게 하기 위한 까닭이며,

爲令一切衆生 成滿一切神通淸淨善根故 爲令一切衆生 住平等行 積集善法 悉圓滿故 爲令一切衆生 善入一切諸佛境界 悉周遍故 爲令一切衆生 身口意業 普淸淨故 爲令一切衆生 善業果報 普淸淨故 爲令一切衆生 了達諸法 普淸淨故 爲令一切衆生 了達實義 普淸淨故 爲令一切衆生 修諸勝行 普淸淨故

일체 중생으로 하여금 일체 신통과 청정한 선근을 원만히 이루게 하기 위한 까닭이고, 일체 중생으로 하여금 평등한 행에 머물러 착한 법을 쌓아서 모두 원만하게 하기 위한 까닭이며, 일체 중생으로 하여금 일체 모든 부처님의 경계에 잘 들어가 모두 두루 하게 하기 위한 까닭이고, 일체 중생으로 하여금 몸과 입과 뜻의 업을 널리 청정하게 하기 위한 까닭이며, 일체 중생으로 하여금 착한 업의 과보를 널리 청정하게 하기 위한 까닭이고, 일체 중생으로 하여금 모든 법을 분명하게 통달하여 널리 청정하게 하기 위한 까닭이며, 일체 중생으로 하여금 실다운 이치를 분명하게 통달하여 널리 청정하게 하기 위한 까닭이고, 일체 중생으로 하여금 모든 뛰어난 행을 닦아서 널리 청정하게 하기 위한 까닭이며,

爲令一切衆生 成就一切菩薩大願 普淸淨故 爲令一切衆生 證得一切功德智慧 普淸淨故 爲令一切衆生 成就一切同體善根 廻向出生一切智乘 普圓滿故 爲令一切衆生 嚴淨一切諸佛國土 普圓滿故 爲令一切衆生 見一切佛 而無所着 普圓滿故 爲令一切衆生 具諸相好功德莊嚴 普圓滿故 爲令一切衆生 得六十種音聲 發言誠諦 皆可信受 百千種法 而以莊嚴 如來無礙功德妙音 悉圓滿故 爲令一切衆生 成就十力莊嚴無礙平等心故

일체 중생으로 하여금 일체 보살의 대원을 성취하여 널리 청정하게 하기 위한 까닭이고, 일체 중생으로 하여금 일체 공덕과 지혜를 증득하여 널리 청정하게 하기 위한 까닭이며, 일체 중생으로 하여금 일체 체성이 같은 선근을 성취하고 일체 지혜의 법을 내어 회향하여서 널리 원만하게 하기 위한 까닭이고, 일체 중생으로 하여금 일체 모든 불국토를 청정하게 장엄하여 널리 원만하게 하기 위한 까닭이며, 일체 중생으로 하여금 일체 부처님을 친견하고도 집착하는 바가 없이 널리 원만하게 하기 위한 까닭이고, 일체 중생으로 하여금 모든 상호와 공덕으로 장엄함을 갖추어 널리 원만하게 하기 위한 까닭이며, 일체 중생으로 하여금 육십 가지의 음성을 얻어서 자세하고 진실한 말을 하여 모두 믿고 받아들이게 하며 백천 가지 법으로 장엄하여 여래의 걸림 없는 공덕의 묘한 음성을 다 원만하게 하기 위한 까닭이고, 일체 중생으로 하여금 십력으로 장엄하여 걸림 없이 평등한 마음을 성취하게 하기 위한 까닭이며,

爲令一切衆生 得一切佛無盡法明 一切辯才 普圓滿故 爲令一切衆生 得無上無畏人中之雄獅子吼故 爲令一切衆生 得一切智 轉不退轉無盡法輪故 爲令一切衆生 了一切法 開示演說 普圓滿故 爲令一切衆生 以時修習清淨善法 普圓滿故 爲令一切衆生 成就導師無上法寶 等淸淨故 爲令一切衆生 於一莊嚴無量莊嚴大莊嚴諸佛莊嚴 普圓滿故 爲令一切衆生 等入三世所有境界 悉周遍故

일체 중생으로 하여금 일체 부처님의 다함없는 법의 밝음과 일체 변재를 얻어 널리 원만하게 하기 위한 까닭이고, 일체 중생으로 하여금 위 없고 두려움이 없는 사람 가운데 뛰어난 사자후를 얻게 하기 위한 까닭이며, 일체 중생으로 하여금 일체 지혜를 얻어 퇴전하지 않고 다함이 없는 법륜을 굴리게 하기 위한 까닭이고, 일체 중생으로 하여금 일체의 법을 깨달아 널리 펴 설하여 열어 보이고 원만하게 하기 위한 까닭이며, 일체 중생으로 하여금 때를 따라 청정하고 착한 법을 닦아 익혀서 널리 원만하게 하기 위한 까닭이고, 일체 중생으로 하여금 부처님[導師]의 위 없는 법보를 성취하여 평등하고 청정하게 하기 위한 까닭이며, 일체 중생으로 하여금 한 장엄과 한량없는 장엄과 큰 장엄과 모든 부처님의 장엄을 널리 원만하게 하기 위한 까닭이고, 일체 중생으로 하여금 삼세의 모든 경계에 평등하게 들어가 모두 두루 하게 하기 위한 까닭이며,

爲令一切衆生 悉能往詣一切佛刹 聽受正法 無不遍故 爲令一切衆生 智慧利益 爲世所宗 與佛等故 爲令一切衆生 以一切智 知一切法 普圓滿故 爲令一切衆生 行不動業 得無礙果 普圓滿故 爲令一切衆生 所有諸根 咸得神通 能知一切衆生根故 爲令一切衆生 得無差別平等智慧 於一相法 普淸淨故 爲令一切衆生 與理無違 一切善根 悉具足故 爲令一切衆生 於一切菩薩自在神通 悉明達故

일체 중생으로 하여금 모두 일체 부처님세계에 이르러서 정법을 듣고 두루 하지 않음이 없게 하기 위한 까닭이고, 일체 중생으로 하여금 지혜와 이익이 세상에서 가장 뛰어난 바가 되어 부처님과 평등하게 하기 위한 까닭이며, 일체 중생으로 하여금 일체 지혜로 일체 법을 알아서 널리 원만하게 하기 위한 까닭이고, 일체 중생으로 하여금 움직이지 않는 업을 행하고 걸림 없는 과를 얻어서 널리 원만하게 하기 위한 까닭이며, 일체 중생으로 하여금 모든 근(根)에서 다 신통을 얻어 일체 중생의 근을 알게 하기 위한 까닭이고, 일체 중생으로 하여금 차별이 없는 평등한 지혜를 얻어서 온통인 상의 법으로 널리 청정하게 하기 위한 까닭이며, 일체 중생으로 하여금 이치에 어김이 없는 일체 선근을 모두 구족하게 하기 위한 까닭이고, 일체 중생으로 하여금 일체 보살의 자재한 신통을 다 밝게 통달하게 하기 위한 까닭이며,

爲令一切衆生 得一切佛無盡功德 若福若智 悉平等故 爲令一切衆生 發菩提心 解一切法平等一相 無遺缺故 爲令一切衆生 了達正法 爲世最上福德田故 爲令一切衆生 成就平等淸淨大悲 爲諸施者 大力田故 爲令一切衆生 堅固第一 無能沮壞故 爲令一切衆生 見必蒙益 無能摧伏故 爲令一切衆生 成滿最勝平等心故 爲令一切衆生 善能了達一切諸法 得大無畏故

일체 중생으로 하여금 일체 부처님의 다함없는 공덕을 얻어서 복과 지혜를 모두 평등하게 하기 위한 까닭이고, 일체 중생으로 하여금 보리심을 발하여 일체 법의 평등한 온통인 상을 깨달아서 남거나 모자람이 없게 하기 위한 까닭이며, 일체 중생으로 하여금 정법을 분명하게 통달하여 세상에서 최상인 복덕의 밭이 되게 하기 위한 까닭이고, 일체 중생으로 하여금 평등하고 청정한 대비를 성취하여 모든 보시하는 이의 큰 힘의 밭이 되게 하기 위한 까닭이며, 일체 중생으로 하여금 제일로 견고하여서 파괴할 수 없게 하기 위한 까닭이고, 일체 중생으로 하여금 만나면 반드시 무너뜨릴 수 없는 이익을 얻게 하기 위한 까닭이며, 일체 중생으로 하여금 가장 뛰어나고 평등한 마음을 원만히 이루게 하기 위한 까닭이고, 일체 중생으로 하여금 일체의 모든 법을 분명하게 잘 통달하여 크게 두려워하지 않게 하기 위한 까닭이며,

爲令一切衆生 放一光明 普照十方一切世界故 爲令一切衆生 普修一切菩薩精進行 無懈退故 爲令一切衆生 以一行願 普滿一切諸行願故 爲令一切衆生 以一妙音 普使聞者皆得解故 爲令一切衆生 悉能具足一切菩薩淸淨心故 爲令一切衆生 普得値遇諸善知識 咸承事故 爲令一切衆生 修菩薩行 調伏衆生 不休息故 爲令一切衆生 以妙辯才 具一切音 隨機廣演 無斷盡故

일체 중생으로 하여금 온통인 광명을 놓아서 시방의 일체 세계를 널리 비추게 하기 위한 까닭이고, 일체 중생으로 하여금 일체 보살의 정진하는 행을 두루 닦아서 게으르거나 물러남이 없게 하기 위한 까닭이며, 일체 중생으로 하여금 온통인 서원행으로써 일체 모든 서원행을 널리 원만하게 하기 위한 까닭이고, 일체 중생으로 하여금 온통인 묘한 음성으로써 널리 듣는 이로 하여금 다 알게 하기 위한 까닭이며, 일체 중생으로 하여금 일체 보살의 청정한 마음을 모두 구족하게 하기 위한 까닭이고, 일체 중생으로 하여금 널리 모든 선지식을 만나서 다 받들어 섬기게 하기 위한 까닭이며, 일체 중생으로 하여금 보살행을 닦아서 중생을 조복 시킴을 쉬지 않게 하기 위한 까닭이고, 일체 중생으로 하여금 묘한 변재로써 일체 음성을 갖추어 기틀을 따라 널리 펴서 끊어지거나 다함이 없게 하기 위한 까닭이며,

爲令一切衆生 能以一心 知一切心 以一切善根 等廻向故 爲令一切衆生 常樂積集一切善根 安立衆生於淨智故 爲令一切衆生 得一切智福德智慧淸淨身故 爲令一切衆生 善知一切衆生善根 觀察廻向 普成就故 爲令一切衆生 得一切智 成等正覺 普圓滿故 爲令一切衆生 得具足神通智 於一處出興 一切諸處 皆出興故 爲令一切衆生 得普莊嚴智 嚴淨一衆會 一切衆會 皆嚴淨故

일체 중생으로 하여금 온통인 마음으로 일체 마음을 알아서 일체 선근으로 평등히 회향하게 하기 위한 까닭이고, 일체 중생으로 하여금 항상 즐거이 일체 선근을 쌓아서 중생을 청정한 지혜에 안립하게 하기 위한 까닭이며, 일체 중생으로 하여금 일체 지혜의 복덕과 지혜의 청정한 몸을 얻게 하기 위한 까닭이고, 일체 중생으로 하여금 일체 중생의 선근을 잘 알아서 관찰하고 회향하여 널리 성취하게 하기 위한 까닭이며, 일체 중생으로 하여금 일체 지혜를 얻어서 등정각*을 이루어 널리 원만하게 하기 위한 까닭이고, 일체 중생으로 하여금 신통과 지혜를 구족하여서 온통인 곳에서 출현하면 일체 모든 곳에서도 다 출현하게 하기 위한 까닭이며, 일체 중생으로 하여금 두루 장엄하는 지혜를 얻어서 한 대중의 모임을 청정하게 장엄하면 일체 대중의 모임도 다 청정하게 장엄하게 하기 위한 까닭이고,

爲令一切衆生 於一佛國土 普見一切佛國土故 爲令一切衆生 以一切莊嚴具 不可說莊嚴具 無量莊嚴具 無盡莊嚴具 莊嚴一切諸佛國土 普周遍故 爲令一切衆生 於一切法 悉能決了甚深義故 爲令一切衆生 得諸如來最上第一自在神通故 爲令一切衆生 得非一非異一切功德自在神通故 爲令一切衆生 具足一切平等善根 普爲諸佛灌其頂故 爲令一切衆生 悉得成滿淸淨智身 於諸有中 最尊勝故

일체 중생으로 하여금 한 불국토에서 일체 불국토를 두루 보게 하기 위한 까닭이며, 일체 중생으로 하여금 일체의 장엄구와 불가설 수의 장엄구와 무량 수의 장엄구와 무진 수의 장엄구로써 일체 모든 불국토를 장엄하여 널리 가득하게 하기 위한 까닭이고, 일체 중생으로 하여금 일체 법에서 심히 깊은 이치를 다 분명히 알게 하기 위한 까닭이며, 일체 중생으로 하여금 모든 여래의 최상이고 제일인 자재한 신통을 얻게 하기 위한 까닭이고, 일체 중생으로 하여금 하나랄 것도 없고 다르다할 것도 없는 일체 공덕과 자재한 신통을 얻게 하기 위한 까닭이며, 일체 중생으로 하여금 일체 평등한 선근을 구족하여서 널리 모든 부처님께서 그 정수리에 관정하게 하기 위한 까닭이고, 일체 중생으로 하여금 모두 청정한 지혜의 몸을 원만히 이루어서 모든 유루의 세계에서 가장 높고 뛰어나게 하기 위한 까닭입니다.

佛子 菩薩摩訶薩 如是悲愍利益安樂一切衆生 咸令清淨 遠離慳嫉 受勝妙樂 具大威德 生大信解 永離瞋恚 及諸翳濁 其心清淨 質直柔軟 無有諂曲 迷惑愚癡 行出離行 堅固不壞 平等之心 永無退轉 白淨法力 具足成就 無惱無失 善巧迴向 常修正行 調伏衆生 滅除一切諸不善業 修行苦行 一切善根

불자들이여, 보살마하살이 이와 같이 일체 중생을 불쌍히 여겨서 이익 되고 안락하게 하며, 모두 청정하게 하여 간탐과 질투를 멀리 여의게 하고, 뛰어나고 묘한 즐거움을 받아 큰 위덕을 갖추게 하며, 큰 믿음과 지혜를 내어 성냄과 모든 가리움과 혼탁함을 영원히 여의게 합니다.

그 마음이 청정하고 정직하며 부드러워서 굽혀 아첨함과 미혹함과 어리석음이 없고, 세간을 벗어나는 행을 행하여 견고해서 무너지지 않고 평등한 마음으로 영원히 퇴전하지 않으며, 밝고 깨끗한 법의 힘을 성취하여 구족하고, 괴로움도 없고 잃음도 없어서 공교함으로 회향하며, 항상 바른 행을 닦아서 중생을 조복시키고, 일체 모든 착하지 않은 업을 멸하여 없애며, 일체 선근을 고행으로 닦아 행합니다.

又勸衆生 令其修習 普爲含識 具受衆苦 以大智眼 觀諸善根 知其悉以智慧爲性 方便廻向一切衆生 爲令一切衆生悉得安住一切淸淨功德處故 爲令一切衆生 悉能攝受一切善根 知諸功德性及義故 爲令一切衆生 普淨一切諸善根故 爲令一切衆生 於福田境界中 種諸善法 心無悔故 爲令一切衆生 普能攝受一切衆生 一一皆令趣一切智故 爲令一切衆生 普攝一切所有善根 一一皆與平等廻向 而相應故

또 중생들에게 권하여 그로 하여금 닦아 익히게 하되 널리 중생을 위하여 온갖 고통을 받고, 큰 지혜의 눈으로써 모든 선근을 관하여 모두 지혜로써 성품이 하는 것임을 알아서 방편으로 일체 중생에게 회향합니다.

일체 중생으로 하여금 일체 청정한 공덕의 처소에 편안히 머무름을 얻게 하기 위한 까닭이고, 일체 중생으로 하여금 일체 선근을 거두어 받아들여 모든 공덕의 성품과 이치를 알게 하기 위한 까닭이며, 일체 중생으로 하여금 일체 모든 선근을 두루 청정하게 하기 위한 까닭이고, 일체 중생으로 하여금 복밭의 경계 가운데 모든 착한 법을 심어 마음에 후회함이 없게 하기 위한 까닭이며, 일체 중생으로 하여금 일체 중생을 널리 거두어 받아들여 낱낱이 다 일체 지혜에 나아가게 하기 위한 까닭이고, 일체 중생으로 하여금 일체 모든 선근을 거두어 낱낱이 다 평등한 회향으로 서로 응하게 하기 위한 까닭입니다.

又以諸善根 如是廻向 所謂願一切衆生 究竟安隱 願一切衆生 究竟淸淨 願一切衆生 究竟安樂 願一切衆生 究竟解脫 願一切衆生 究竟平等 願一切衆生 究竟了達 願一切衆生 究竟安住諸白淨法 願一切衆生 得無礙眼 願一切衆生 善調其心 願一切衆生 具足十力 調伏衆生 佛子 菩薩摩訶薩 如是廻向時 不着業 不着報 不着身 不着物 不着刹 不着方 不着衆生 不着無衆生

또 모든 선근으로써 이와 같이 회향하기를 '일체 중생이 구경에 편안하기를 서원하고, 일체 중생이 구경에 청정하기를 서원하며, 일체 중생이 구경에 안락하기를 서원하고, 일체 중생이 구경에 해탈하기를 서원하며, 일체 중생이 구경에 평등하기를 서원하고, 일체 중생이 구경에 분명히 통달하기를 서원하며, 일체 중생이 구경에 모든 밝고 깨끗한 법에 편안히 머물기를 서원하고, 일체 중생이 걸림 없는 눈을 얻기를 서원하며, 일체 중생이 그 마음을 잘 조복하기를 서원하고, 일체 중생이 십력을 구족하여 중생을 조복시키기를 서원하나이다.'라고 합니다.

불자들이여, 보살마하살이 이와 같이 회향할 때에, 업에 집착하지 않고 과보에도 집착하지 않으며, 몸에 집착하지 않고 물건에도 집착하지 않으며, 세계에 집착하지 않고 방위에도 집착하지 않으며, 중생에 집착하지 않고 중생이 없다는 데에도 집착하지 않으며,

不着一切法 不着無一切法 佛子 菩薩摩訶薩 如是廻向時 以此善根 普施世間 願一切衆生 成滿佛智 得淸淨心 智慧明了 內心寂靜 外緣不動 增長成就三世佛種 佛子 菩薩摩訶薩 修行如是廻向之時 超出一切 無能過者 一切世間 所有言辭 悉共稱讚 亦不可盡 普修一切菩薩諸行 悉能往詣一切佛土 普見諸佛無所障礙 又能普見一切世界菩薩所行 以善方便 爲諸衆生 分別諸法甚深句義

일체의 법에 집착하지 않고 일체의 법이 없다는 데에도 집착하지 않습니다.

불자들이여, 보살마하살이 이와 같이 회향할 때에 이 선근으로써 널리 세간에 보시하기를 '일체 중생이 부처님의 지혜를 원만하게 이루어 청정한 마음을 얻어서 지혜가 명료하고, 안의 마음이 고요하여 밖의 인연에 움직이지 않으며, 삼세 부처님의 종자 성품을 성취하여 더욱 더하기를 서원하나이다.'라고 합니다.

불자들이여, 보살마하살이 이와 같이 회향을 닦아 행할 때에 일체에 매우 뛰어나 능가할 이가 없고, 일체 세간의 모든 말로써 다 같이 칭찬하여도 또한 다하지 못하며, 일체 보살의 모든 행을 널리 닦아서 일체 불토에 이르러 모든 부처님을 두루 뵙는데 장애가 없고, 또 일체 세계의 보살의 행하는 바를 널리 보며, 좋은 방편으로써 모든 중생을 위하여 모든 법의 심히 깊은 글귀와 뜻을 분별하고,

得陀羅尼 演說妙法 盡未來劫 無有斷絶 爲衆生故 念念於不可說不可說世界 猶如影像 普現其身 供養諸佛 念念嚴淨不可說不可說諸佛國土 悉令周遍修行嚴淨佛刹智慧 而無厭足 念念令不可說不可說百千億那由他衆生 淸淨成就平等滿足 於彼一切諸國土中 勤修一切諸波羅蜜 攝取衆生 成就淨業 得無礙耳 於不可說不可說諸佛世界 一一如來 所轉法輪 聽聞受持 精勤修習 不生一念捨離之心

다라니를 얻어서 묘한 법을 널리 펴 설하되 미래겁이 다하도록 끊어짐이 없습니다.

중생들을 위하여 생각마다 불가설불가설 수의 세계에 마치 영상과 같이 널리 그 몸을 나타내어 모든 부처님께 공양 올리고, 생각마다 불가설불가설 수의 모든 불국토를 청정하게 장엄하여서 모두로 하여금 부처님세계를 청정하게 장엄하는 지혜를 두루 닦아 행하게 하되 싫어하거나 싫증냄이 없으며, 생각마다 불가설불가설 백천억 나유타 수의 중생들로 하여금 청정함을 성취하여 평등함을 원만히 구족하게 하고, 저 일체 모든 국토에서 일체 모든 바라밀을 부지런히 닦아서 중생들을 거두어들여 청정한 업을 성취하며, 걸림 없는 귀를 얻어 불가설불가설 수의 모든 부처님세계에서 한 분 한 분의 여래께서 굴리시는 법륜을 듣고 받아 지녀 부지런히 닦아 익히되 한 생각이라도 여의어 버리려는 마음을 내지 않고,

住無所得無依止無作無着菩薩神通 於一刹那一彈指頃 分身普詣不可說諸佛世界 與諸菩薩 等同一見 佛子 菩薩摩訶薩 如是修習菩薩行時 尙能成滿無量不可說不可說清淨功德 憶念稱讚 所不能盡 況復得成無上菩提 一切佛刹 平等淸淨 一切衆生 平等淸淨 一切身 平等淸淨 一切根 平等淸淨 一切業果 平等淸淨 一切衆會道場 平等淸淨

얻을 바 없으며 의지함이 없고 지음이 없으며 집착함이 없는 보살의 신통에 머물러서 한 찰나와 손가락 한 번 튕기는 사이에 몸을 나누어 불가설 수의 모든 부처님세계에 널리 나아가서 모든 보살과 더불어 평등하고 동일하게 봅니다.

불자들이여, 보살마하살이 이와 같이 보살의 행을 닦아 익힐 때에 오히려 무량 불가설불가설 수의 청정한 공덕을 원만히 이룬 것을 마음 속 깊이 지녀 칭찬하여도 다하지 못하거늘 하물며 다시 위 없는 보리를 이루어 얻음이겠는가.

일체 부처님세계가 평등하고 청정하며, 일체 중생이 평등하고 청정하며, 일체 몸이 평등하고 청정하며, 일체 근이 평등하고 청정하며, 일체 업과가 평등하고 청정하며, 일체 대중이 모인 도량이 평등하고 청정하며,

一切圓滿行 平等淸淨 一切法方便智 平等淸淨 一切如來諸願廻向 平等淸淨 一切諸佛神通境界 平等淸淨 佛子 菩薩摩訶薩 如是廻向時 得一切功德淸淨歡喜法門 無量功德 圓滿莊嚴 如是廻向時 衆生 不違一切刹 刹不違一切衆生 刹衆生 不違業 業不違刹衆生 思不違心 心不違思 思心 不違境界 境界 不違思心

일체 원만한 행이 평등하고 청정하며, 일체 법의 방편과 지혜가 평등하고 청정하며, 일체 여래의 모든 서원과 회향이 평등하고 청정하며, 일체 모든 부처님의 신통의 경계가 평등하고 청정합니다.

불자들이여, 보살마하살이 이와 같이 회향할 때에 일체 공덕이 청정하고 환희로운 법문을 얻어서 한량없는 공덕으로 원만하게 장엄합니다.

이와 같이 회향할 때에 중생이 일체 세계를 떠나서 있지 않고 세계가 일체 중생을 떠나서 있지 않으며, 세계와 중생이 업을 떠나서 있지 않고 업이 세계와 중생을 떠나서 있지 않으며, 생각이 마음을 떠나서 있지 않고 마음이 생각을 떠나서 있지 않으며, 생각과 마음이 경계를 떠나서 있지 않고 경계가 생각과 마음을 떠나서 있지 않으며,

業不違報 報不違業 業不違業道 業道不違業 法性 不違相 法相 不違性 法生 不違性 法性 不違生 刹平等 不違衆生平等 衆生平等 不違刹平等 一切衆生平等 不違一切法平等 一切法平等 不違一切衆生平等 離欲際平等 不違一切衆生安住平等 一切衆生安住平等 不違離欲際平等 過去 不違未來 未來 不違過去

업이 과보를 떠나서 있지 않고 과보가 업을 떠나서 있지 않으며, 업이 업도(業道)*를 떠나서 있지 않고 업도가 업을 떠나서 있지 않으며, 법성(法性)이 상을 떠나서 있지 않고 법상(法相)이 성품을 떠나서 있지 않으며, 법이 남[生]은 성품을 떠나서 있지 않고 법성은 남을 떠나서 있지도 않으며, 세계의 평등함이 중생의 평등함을 떠나서 있지 않고 중생의 평등함이 세계의 평등함을 떠나서 있지 않으며, 일체 중생의 평등함이 일체 법의 평등함을 떠나서 있지 않고 일체 법의 평등함이 일체 중생의 평등함을 떠나서 있지 않으며, 욕심의 경계를 여읜 평등함이 일체 중생을 편안히 머물게 하는 평등함을 떠나서 있지 않고 일체 중생을 편안히 머물게 하는 평등함이 욕심의 경계를 여읜 평등함을 떠나서 있지 않으며, 과거가 미래를 떠나서 있지 않고 미래가 과거를 떠나서 있지 않으며,

過去未來 不違現在 現在 不違過去未來 世平等 不違佛平等 佛平等 不違世平等 菩薩行 不違一切智 一切智 不違菩薩行 佛子 菩薩摩訶薩 如是廻向時 得業平等 得報平等 得身平等 得方便平等 得願平等 得一切衆生平等 得一切刹平等 得一切行平等 得一切智平等 得三世諸佛平等 得承事一切諸佛 得供養一切菩薩 得種一切善根 得滿一切大願 得教化一切衆生 得了知一切業

과거와 미래가 현재를 떠나서 있지 않고 현재가 과거와 미래를 떠나서 있지 않으며, 세간의 평등함이 부처님의 평등함을 떠나서 있지 않고 부처님의 평등함이 세간의 평등함을 떠나서 있지 않으며, 보살의 행이 일체 지혜를 떠나서 있지 않고 일체 지혜가 보살의 행을 떠나서 있지 않습니다.

불자들이여, 보살마하살이 이와 같이 회향할 때에 업의 평등함을 얻고, 과보의 평등함을 얻으며, 몸의 평등함을 얻고, 방편의 평등함을 얻으며, 서원의 평등함을 얻고, 일체 중생의 평등함을 얻으며, 일체 세계의 평등함을 얻고, 일체 행의 평등함을 얻으며, 일체 지혜의 평등함을 얻고, 삼세 모든 부처님의 평등함을 얻습니다.

일체 모든 부처님을 받들어 섬김을 얻게 되고, 일체 보살에게 공양 올림을 얻게 되며, 일체 선근을 심음을 얻게 되고, 일체 대원이 원만함을 얻게 되며, 일체 중생을 교화함을 얻게 되고, 일체 업을 밝게 앎을 얻게 되며,

得承事供養一切善知識 得入一切清淨衆會道場 得通達一切正教 得成滿一切白法 佛子 是爲菩薩摩訶薩 第七等隨順一切衆生廻向 菩薩摩訶薩 成就此廻向 則能摧滅一切魔怨 拔諸欲刺 得出離樂 住無二性 具大威德 救護衆生爲功德王 神足無礙 往一切刹 入寂滅處 具一切身 成菩薩行 於諸行願 心得自在 分別了知一切諸法 悉能遍生一切佛刹 得無礙耳 聞一切刹 所有音聲

일체 선지식을 받들어 섬기며 공양 올림을 얻게 되고, 일체의 청정한 대중이 모인 도량에 들어감을 얻게 되며, 일체 바른 가르침을 통달함을 얻게 되고, 일체 밝은 법을 원만히 이룸을 얻게 됩니다.

불자들이여, 이것을 보살마하살의 일곱째 일체 중생을 평등하게 수순하는 회향이라 합니다.

보살마하살이 이 회향을 성취하면 곧 일체 마와 원수를 꺾어 멸하고 모든 욕심의 가시를 뽑아서 세상을 벗어나는 즐거움을 얻어 두 가지가 없는 성품에 머물며, 큰 위덕을 갖추고 중생을 구호하여 공덕의 왕이 되며, 걸림 없는 신족통으로 일체 세계에 가되 적멸한 곳에 들며, 일체의 몸을 갖추어 보살의 행을 이루어서 모든 서원행에 마음이 자재하며, 일체 모든 법을 분별하여 분명히 알고 일체 부처님세계에 다 두루 태어나며, 걸림 없는 귀를 얻어서 일체 세계의 모든 음성을 들으며,

得淨慧眼 見一切佛 未嘗暫捨 於一切境界 成就善根 心無高下 於一切法 得無所得 菩薩摩訶薩 以一切善根 等隨順一切衆生 如是迴向

청정한 지혜의 눈을 얻어서 일체 부처님을 친견하여 일찍이 잠시도 여읜 적이 없으며, 일체 경계에서 선근을 성취하여 마음에 높고 낮음이 없으니, 일체 법에 얻은 바 없음을 얻습니다.

보살마하살이 일체 선근으로써 일체 중생을 평등하게 수순하여 이와 같이 회향합니다."

爾時 金剛幢菩薩 承佛神力 普觀十方 而說頌言

菩薩所作諸功德
微妙廣大甚深遠
乃至一念而修行
悉能廻向無邊際

菩薩所有資生具
種種豐盈無限億
香象寶馬以駕車
衣服珍財悉殊妙

이때 금강당보살이 부처님의 위신력을 받아서 널리 시방을 관하고 게송으로 말하였다.

보살이 지은 모든 공덕이
미묘하고 광대하며 매우 깊고 크며
더 나아가 온통인 생각으로 닦고 행하여서
모두 끝없이 회향하네

보살이 가진 살림 도구
갖가지로 풍족하여 끝이 없는 억이라
향기나는 코끼리와 보배 말을 수레에 메우며
의복과 진귀한 재물이 다 뛰어나고 묘하네

或以頭目幷手足
或持身肉及骨髓
悉遍十方無量刹
普施一切令充滿

無量劫中所修習
一切功德盡迴向
爲欲救度諸群生
其心畢竟不退轉

菩薩爲度衆生故
常修最勝迴向業
普令三界得安樂
悉使當成無上果

혹은 머리와 눈과 아울러 손과 발
혹은 몸에 지닌 살과 뼈와 골수를
모두 시방의 한량없는 세계에 두루 하며
일체에 널리 보시하여 충만하게 하네

한량없는 겁 동안에 닦아 익힌
일체 공덕을 다 회향하고
모든 중생을 구제하기 위해
그 마음 끝까지 퇴전하지 않네

보살이 중생을 제도하기 위한 까닭으로
항상 가장 뛰어난 회향의 업을 닦아서
널리 삼계가 편안한 즐거움을 이르르게 하여
모두 위 없는 과를 이루게 하네

菩薩普興平等願
隨其所集清淨業
悉以迴施諸群生
如是大誓終無捨

菩薩願力無限礙
一切世間咸攝受
如是迴向諸群生
未曾暫起分別心

普願衆生智明了
布施持戒悉清淨
精進修行不懈廢
如是大誓無休息

보살이 널리 평등한 원을 일으켜
청정한 업을 모은 바를 따라
모든 중생에게 다 회향하고 보시하니
이와 같은 큰 서원 끝내 버림이 없네

보살의 원력은 한계도 걸림도 없어서
일체 세간을 다 거두어 받아들여
이와 같이 모든 중생에게 회향하지만
일찍이 잠시도 분별하는 마음을 일으킨 적이 없네

널리 중생들의 지혜가 명료해서
보시와 지계가 모두 청정하고
정진하고 수행함에 피곤해 하거나 그만둠이 없으니
이와 같은 큰 원을 쉬지 않기를 서원하네

菩薩廻向到彼岸
普開清淨妙法門
智慧同於兩足尊
分別實義得究竟

菩薩言辭已通達
種種智慧亦如是
說法如理無障礙
而於其中心不着

常於諸法不作二
亦復不作於不二
於二不二並皆離
知其悉是語言道

보살이 회향하여 피안에 이르러
청정하고 미묘한 법문을 널리 여니
지혜가 부처님[兩足尊]과 같아서
실다운 이치로 분별하여 구경에 이르르네

보살이 언사를 이미 통달하고
갖가지 지혜도 또한 이와 같아
이치대로 설법하여 장애가 없으니
그 가운데 마음에 집착함이 없네

항상 모든 법에 두 가지를 짓지 않고
또한 다시 두 가지 아닌 것도 짓지 않으며
두 가지와 두 가지 아닌 것을 다 여의어
그것이 모두 언어의 도일 뿐임을 아네

知諸世間悉平等
莫非心語一切業
衆生幻化無有實
所有果報從玆起

一切世間之所有
種種果報各不同
莫不皆由業力成
若滅於業彼皆盡

菩薩觀察諸世間
身口意業悉平等
亦令衆生住平等
猶如無等大聖尊

모든 세간이 다 평등함을 알아
마음과 말, 일체가 업 아님이 없고
중생은 실다움이 없는 환화(幻化)여서
모든 과보가 이로부터 일어나네

일체 세간에 있는
갖가지 과보가 각각 같지 않고
모두 업력으로 이루어지지 않음이 없으니
만일 업만 멸하면 저 모두가 다하네

보살이 모든 세간을 관찰하니
몸과 입과 뜻의 업이 모두 평등하여
또한 중생으로 하여금 평등함에 머물게 하고
견줄 이 없는 부처님[大聖尊]과 같게 하네

菩薩善業悉迴向
普令衆生色清淨
福德方便皆具足
同於無上調御士

菩薩利益諸群生
功德大海盡迴向
願使威光特超世
得成雄猛大力身

凡所修習諸功德
願使世間普淸淨
諸佛淸淨無倫匹
衆生淸淨亦如是

보살이 착한 업을 다 회향하여
널리 중생으로 하여금 색(色)을 청정하게 하고
복덕과 방편을 모두 구족하게 하여
위 없는 부처님[調御士]과 같게 하네

보살이 모든 중생을 이익 되게 하여
공덕의 큰 바다를 모두 회향하고
위엄과 광명이 세간에서 뛰어나서
용맹한 대력*의 몸 얻기를 서원하네

무릇 닦고 익힌 모든 공덕으로
세간을 널리 청정하게 하니
모든 부처님의 비교할 이 없는 청정함이어서
중생의 청정함도 또한 이와 같기를 서원하네

菩薩於義得善巧
能知諸佛最勝法
以衆善業等廻向
願令庶品同如來

菩薩了知諸法空
一切世間無所有
無有造作及作者
衆生業報亦不失

諸法寂滅非寂滅
遠離此二分別心
知諸分別是世見
入於正位分別盡

보살이 이치에서 공교함을 얻어서
모든 부처님의 가장 뛰어난 법을 알고
온갖 착한 업으로써 평등하게 회향하여
중생들로 하여금 여래와 같아지기를 서원하네

보살이 모든 법이 공함을 밝게 아니
일체 세간이 있는 바가 없고
짓는다는 것도 짓는 이도 없지만
중생의 업보 또한 없지 않네

모든 법의 적멸함과 적멸하지 않음
이 두 가지로 분별하는 마음을 멀리 여의어
모든 분별이 이 세간의 견해임을 알아서
정위(正位)*에 들어 분별을 다하였네

如是眞實諸佛子
從於如來法化生
彼能如是善廻向
世間疑惑悉除滅

이와 같이 참답고 실다운 모든 불자가
여래의 법으로부터 화생하니
저들도 이와 같이 잘 회향하여
세간의 의혹을 다 멸하여 없애네

농선 대원 선사 결문

농선 대원 선사 결문(決文)

문 : 회향의 이치를 간략히 보여주십시오.

답 : 불법이니라.

문 : 회향의 이치를 물었습니다.

답 : 누림이 같으니
회향이니라

꩜ 미주

* 대력(大力) : 위대한 힘, 뛰어난 능력.
* 등정각(等正覺) : 산스크리트어 Samyaksam buddha의 음사이고, 부처님의 십호(十號)의 하나로써 번역하여 정등각(正等覺), 정변각(正遍覺), 정변지(正遍智), 등각(等覺)이라고도 한다. 부처님의 평등의 이치를 깨달은 바른 깨달음을 말한다. 보살이 수행하는 지위 52위 중 51위의 이름이며, 이는 보살이 얻는 가장 높은 지위로 그 지혜가 부처님과 대개 같다는 뜻을 가지고 있다.
* 정위(正位) : 열반을 증득하는 지위.
* 업도(業道) : 이치와 현상에 대한 미혹으로 일으키는 신·구·의(身口意)의 세가지 업으로 윤회 세계로 가게하는 길이 되므로 업도라 말한다. 중생의 윤회를 세부분으로 나눈 삼도(三道)의 하나이다.
* 용마(龍馬) : 용과 같은 모양을 한 말. 전설에 의하면 중국 복희씨 때에 황하에서 팔괘를 싣고 나왔다고 한다. 매우 잘 달리는 아주 좋은 말을 말하기도 한다.
* 수자(壽者) : 오온이 임시로 화합한 상태로 존재하는 것을 일정한 기간의 수명을 받은 개체로 생각하여 수명의 길고 짧음 등에 대한 관념.

부록 1

불조정맥

불조정맥(佛祖正脈)

인 도

교조 석가모니불 (教祖 釋迦牟尼佛)
1 조 마하가섭 (摩訶迦葉)
2 조 아난다 (阿難陀)
3 조 상나화수 (商那和脩)
4 조 우바국다 (優波鞠多)
5 조 제다가 (堤多迦)
6 조 미차가 (彌遮迦)
7 조 바수밀 (婆須密)
8 조 불타난제 (佛陀難堤)
9 조 복타밀다 (伏馱密多)
10조 파율습박(협) (波栗濕縛, 脇)
11조 부나야사 (富那夜奢)
12조 아나보리(마명) (阿那菩堤, 馬鳴)
13조 가비마라 (迦毗摩羅)

14조 나가르주나(용수) (那閼羅樹那, 龍樹)

15조 가나제바 (迦那堤波)

16조 라후라타 (羅睺羅陀)

17조 승가난제 (僧伽難提)

18조 가야사다 (迦耶舍多)

19조 구마라다 (鳩摩羅多)

20조 사야다 (闍夜多)

21조 바수반두 (婆修盤頭)

22조 마노라 (摩拏羅)

23조 학륵나 (鶴勒那)

24조 사자보리 (師子菩提)

25조 바사사다 (婆舍斯多)

26조 불여밀다 (不如密多)

27조 반야다라 (般若多羅)

28조 보리달마 (菩提達磨)

중 국

29조 신광 혜가 (2조 神光 慧可)

30조 감지 승찬 (3조 鑑智 僧璨)

31조 대의 도신 (4조 大醫 道信)

32조 대만 홍인 (5 조 大滿 弘忍)
33조 대감 혜능 (6 조 大鑑 慧能)
34조 남악 회양 (7 조 南嶽 懷讓)
35조 마조 도일 (8 조 馬祖 道一)
36조 백장 회해 (9 조 百丈 懷海)
37조 황벽 희운 (10조 黃檗 希雲)
38조 임제 의현 (11조 臨濟 義玄)
39조 흥화 존장 (12조 興化 存奬)
40조 남원 혜옹 (13조 南院 慧顒)
41조 풍혈 연소 (14조 風穴 延沼)
42조 수산 성념 (15조 首山 省念)
43조 분양 선소 (16조 汾陽 善昭)
44조 자명 초원 (17조 慈明 楚圓)
45조 양기 방회 (18조 楊岐 方會)
46조 백운 수단 (19조 白雲 守端)
47조 오조 법연 (20조 五祖 法演)
48조 원오 극근 (21조 圓悟 克勤)
49조 호구 소륭 (22조 虎丘 紹隆)
50조 응암 담화 (23조 應庵 曇華)
51조 밀암 함걸 (24조 密庵 咸傑)
52조 파암 조선 (25조 破庵 祖先)
53조 무준 사범 (26조 無準 師範)
54조 설암 혜랑 (27조 雪岩 慧郎)
55조 급암 종신 (28조 及庵 宗信)
56조 석옥 청공 (29조 石屋 淸珙)

한 국

57조 태고 보우 (1조 太古 普愚)
58조 환암 혼수 (2조 幻庵 混脩)
59조 구곡 각운 (3조 龜谷 覺雲)
60조 벽계 정심 (4조 碧溪 淨心)
61조 벽송 지엄 (5조 碧松 智儼)
62조 부용 영관 (6조 芙蓉 靈觀)
63조 청허 휴정 (7조 淸虛 休靜)
64조 편양 언기 (8조 鞭羊 彦機)
65조 풍담 의심 (9조 楓潭 義諶)
66조 월담 설제 (10조 月潭 雪霽)
67조 환성 지안 (11조 喚醒 志安)
68조 호암 체정 (12조 虎巖 體淨)
69조 청봉 거안 (13조 青峰 巨岸)
70조 율봉 청고 (14조 栗峰 青杲)
71조 금허 법첨 (15조 錦虛 法沾)
72조 용암 혜언 (16조 龍巖 慧言)
73조 영월 봉율 (17조 詠月 奉律)
74조 만화 보선 (18조 萬化 普善)
75조 경허 성우 (19조 鏡虛 惺牛)
76조 만공 월면 (20조 滿空 月面)
77조 전강 영신 (21조 田岡 永信)
78대 농선 대원 (22대 弄禪 大圓)

부록 2

농선 대원 선사님 인가 내력

농선 대원 선사님 인가 내력

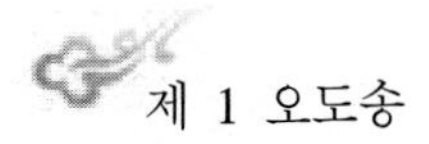

제 1 오도송

이 몸을 끄는 놈 이 무슨 물건인가?
골똘히 생각한 지 서너 해 되던 때에
쉬이하고 불어온 솔바람 한 소리에
홀연히 대장부의 큰 일을 마치었네

무엇이 하늘이고 무엇이 땅이런가
이 몸이 청정하여 이러-히 가없어라
안팎 중간 없는 데서 이러-히 응하니
취하고 버림이란 애당초 없다네

하루 온종일 시간이 다하도록
헤아리고 분별한 그 모든 생각들이

옛 부처 나기 전의 오묘한 소식임을
듣고서 의심 않고 믿을 이 누구인가!

此身運轉是何物
疑端汨沒三夏來
松頭吹風其一聲
忽然大事一時了

何謂靑天何謂地
當體淸淨無邊外
無內外中應如是
小分取捨全然無

一日於十有二時
悉皆思量之分別
古佛未生前消息
聞者卽信不疑誰

농선 대원 선사님의 스승이신 불조정맥 제77조 조계종(曹溪宗) 전강(田岡) 대선사님께서 1962년 대구 동화사의 조실로 계실 당시 농선 대원 선사님께서도 동화사에 함께 머무르고 계셨다.

하루는, 전강 대선사님께서 대원 선사님의 3연으로 되어 있는 제1오도송을 들어 깨달은 바는 분명하나 대개 오도송은 짧게 짓는다고 말씀하셨다. 이에 대원 선사님께서는 제1오도송을 읊은 뒤, 도솔암을 떠나 김제들을 지나다가 석양의 해와 달을 보고 문득 읊었던 제2오도송을 일러드렸다.

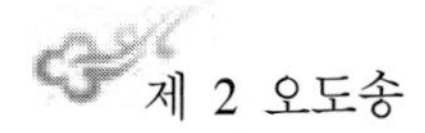

제 2 오도송

해는 서산 달은 동산 덩실하게 얹혀 있고
김제의 평야에는 가을빛이 가득하네
대천이란 이름자도 서지를 못하는데
석양의 마을길엔 사람들 오고 가네

日月兩嶺載同模
金提平野滿秋色
不立大千之名字
夕陽道路人去來

제2오도송을 들으신 전강 대선사님께서는 이에 그치지 않고 그와 같은 경지를 담은 게송을 이 자리에서 즉시 한 수 지어볼 수 있겠냐고 하셨다. 대원 선사님께서는 곧바로 다음과 같이 읊으셨다.

바위 위에는 솔바람이 있고

산 아래에는 황조가 날도다
대천도 흔적조차 없는데
달밤에 원숭이가 어지러이 우는구나

岩上在松風
山下飛黃鳥
大千無痕迹
月夜亂猿啼

전강 대선사님께서는 위 송의 앞의 두 구를 들으실 때만 해도 지그시 눈을 감고 계시다가 뒤의 두 구를 마저 채우자 문득 눈을 뜨고 기뻐하는 빛이 역력하셨다.

그러나 전강 대선사님께서는 여기에서도 그치지 않고 다시 한 번 물으셨다.

"대중들이 자네를 산으로 불러내고 그중에 법성(향곡 스님 법제자인 진제 스님. 동화사 선방에 있을 당시에 '법성'이라 불렸고, 나중에 '법원'으로 개명하였다.)이 달마불식(達磨不識) 도리를 일러보라 했을 때 '드러났다'라고 답했다는데, 만약에 자네가 당시의 양무제였다면 '모르오'라고 이르고 있는 달마 대사에게 어떻게 했겠는가?"

대원 선사님께서 답하셨다.

"제가 양무제였다면 '성인이라 함도 서지 못하나 이러-히 짐의 덕화와 함께 어우러짐이 더욱 좋지 않겠습니까?' 하며 달마 대사의 손을 잡아 일으켰을 것입니다."

전강 대선사님께서 탄복하며 말씀하셨다.

"어느새 그 경지에 이르렀는가?"

"이르렀다곤들 어찌 하며, 갖추었다곤들 어찌 하며, 본래라곤들 어찌 하리까? 오직 이러-할 뿐인데 말입니다."

대원 선사님께서 연이어 말씀하시자 전강 대선사님께서 이에 환희하시니 두 분이 어우러진 자리가 백아가 종자기를 만난 듯, 고수 명창 어울리듯 화기애애하셨다.

달마불식 공안에 대한 위의 문답은 내력이 있는 것이다. 전강 대선사님께서 대원 선사님을 부르기 며칠 전에, 저녁 입선 시간 중에 노장님 몇 분만이 자리에 앉아있을 뿐 자리가 텅텅 비어 있었다고 한다.

대원 선사님께서 이상히 여기고 있던 중, 밖에서 한 젊은 수좌가 대원 선사님을 불렀다. 그 수좌의 말이 스님들이 모두 윗산에 모여 기다리고 있으니 가자고 하기에 무슨 일인가 하고 따라가셨다.

그러자 그 자리에 있던 법성 스님이 보자마자 달마불식 법문을 들고 이르라고 하기에 지체없이 답하셨다.

"드러났다."

곁에 계시던 송암 스님께서 또 안수정등 법문을 들고 물으셨다.

"여기서 어떻게 살아나겠소?"

대뜸 큰소리로 이르셨다.

"안 · 수 · 정 · 등."

이에 좌우에 모인 스님들이 함구무언(緘口無言)인지라 대원 선사님께서는 먼저 그 자리를 떠나 내려와 버리셨다.

그 다음날 입승인 명허 스님께서 아침 공양이 끝난 자리에서 지난 밤 입선시간 중에 무단으로 자리를 비운 까닭을 묻는 대중 공사를 붙여 산 중에서 있었던 일들이 낱낱이 드러나고 말았다. 그리하여 입선시간 중에 자리를 비운 스님들은 가사 장삼을 수하고 조실인 전강 대선사님께 참회의 절을 했던 일이 있었다.

전강 대선사님께서는 이때에 대원 선사님께서 달마불식 도리에 대해 일렀던 경지를 점검하셨던 것이다.

이런 철저한 검증의 자리가 있었던 다음 날, 전강 대선사님께서 부르시기에 대원 선사님께서 가보니 주지인 월산(月山) 스님께서 모든 것이 약조된 데에서 입회해 계셨으며 전강 대선사님께서는 곧바로 다음과 같이 전법게(傳法偈)를 전해주셨다.

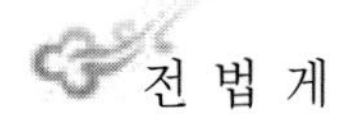

전 법 게

부처와 조사도 일찍이 전한 것이 아니거늘
나 또한 어찌 받았다 하며 준다 할 것인가
이 법이 2천년대에 이르러서
널리 천하 사람을 제도하리라

佛祖未曾傳
我亦何受授
此法二千年
廣度天下人

덧붙여 이 일은 월산 스님이 증인이며 2000년까지 세 사람 모두 절대 다른 사람이 알게 하거나 눈에 띄게 하지 않아야 한다고 당부하셨다.

만약 그러지 않을 시에는 대원 선사님께서 법을 펴 나가는데 장애가 있을 것이라고 예언하셨다. 또한 각별히 신변을 조심하라 하시고 월산 스님에게 명령해 대원 선사님을 동화사의 포교당인 보현사에 내려가 교화에 힘쓰게 하셨다.

대원 선사님께서 보현사로 떠나는 날, 전강 대선사님께서는 미리 적어두셨던 부송(付頌)을 주셨으니 다음과 같다.

부 송

어상을 내리지 않고 이러-히 대한다 함이여
뒷날 돌아이가 구멍 없는 피리를 불리니
이로부터 불법이 천하에 가득하리라

不下御床對如是
後日石兒吹無孔
自此佛法滿天下

위의 송의 '어상을 내리지 않고 이러-히 대한다 함이여'라는 첫째 줄 역시 내력이 있는 구절이다.

전에 대원 선사님께서 전강 대선사님을 군산 은적사에서 모시고 계실 당시 마당에서 홀연히 마주쳤을 때 다음과 같은 문답이 있었다.

전강 대선사님께서 물으셨다.

"공적(空寂)의 영지(靈知)를 이르게."

대원 선사님께서 대답하셨다.

"이러-히 스님과 대담(對談)합니다."

"영지의 공적을 이르게."

"스님과의 대담에 이러-합니다."

"어떤 것이 이러-히 대담하는 경지인가?"

"명왕(明王)은 어상(御床)을 내리지 않고 천하 일에 밝습니다."

위와 같은 문답 중에 대원 선사님께서 답하신 경지를 부송의 첫째 줄에 담으신 것이다.

전강 대선사님께서 대원 선사님을 인가(印可)하신 과정을 볼 때 한 번, 두 번, 세 번을 확인하여 철저히 점검하신 명안종사의 안목

에 탄복하지 않을 수 없으며 이에 끝까지 1초의 머뭇거림도 없이 명철하셨던 대원 선사님께 찬탄하지 않을 수 없다.

그리하여 법열로 어우러진 두 분의 자리가 재현된 듯 함께 환희 용약하지 않을 수 없다.

이제 전강 대선사님과 약속한 2천년대를 맞이하였으므로 여기에 전법게를 밝힌다.

이로써 경허, 만공, 전강 대선사님으로 내려온 근대 대선지식의 정법의 횃불이 이 시대에 이어져 전강 대선사님의 예언대로 불법이 천하에 가득할 것이다.

부록 3

21세기에 인류가 해야 할 일

21세기에 인류가 해야 할 일

이 사람은 1962년 26세 때부터 21세기에 인류에게 닥칠 공해문제, 에너지문제를 예견하고 대체에너지(무한원동기, 태양력, 파력, 풍력 등) 개발과 '울 안의 농법'을 연구하고 그 필요성을 많은 이들에게 이야기해 왔습니다.

당시에는 너무 시대를 앞서가는 이야기여서인지 일반인들이 수용하지 못하고 오히려 불신의 눈으로 바라보며 이 사람의 법마저 의심하였습니다. 하지만 현대에 있어서는 이것이 인류가 해결해야 할 가장 절박한 사안이 되어 있습니다.

'사막화방지 국제연대'를 설립한 것도 현재 인류가 해결해야 할 가장 절박한 지구환경문제를 이슈화시키고 그 해결책을 제시하여 재앙에 직면한 지구촌을 살리기 위해서입니다.

'사막화방지 국제연대'에서 추진하고 있는 사막화 방지, 지구 초원화, 대체에너지 개발은 온 인류가 발 벗고 나서서 해야 할 일입니다.

첫째 사막화 방지에 있어서 기존에 해왔던 '나무심기 사업'은 천문학적인 예산과 많은 인력을 동원하고도 극도로 황폐한 사막화된 환경을 되살리는 데 실패하였습니다.

그래서 이 사람은 사막화 방지에 있어서는 '사막 해수로 사업'을 새로운 방안으로 제시하였습니다.

사막 해수로 사업은 사막화된 지역에 수도관을 매설하여 바닷물을 끌어들여서 염분에 강한 식물을 중심으로 자연생태계를 복원하는 사업입니다.

이것은 나무심기 사업으로 심은 나무들이 절대적으로 물이 부족하여 생존할 수 없었던 문제를 해결할 수 있는, 현재로서는 유일한 해결책입니다.

그러나 '사막화방지 국제연대'의 목적은 사막이 확장되는 것을 방지하자는 것이지 사막 전체를 완전히 없애자는 것은 아닙니다. 인체에서 심장이 모든 피를 전신의 구석구석까지 골고루 보내어 살아서 활동하게 하듯이 사막은 오히려 지구의 심장 역할을 하는 중요한 곳이기 때문입니다.

그래서 21세기에 있어서는 다만 사막의 확장을 방지할 뿐 아니라 사막을 어떻게 운용하느냐를 연구해야 합니다.

사막에 바둑판처럼 사방이 막힌 플륨관 수로를 설치하여 동, 서, 남, 북 어느 방향의 수로를 얼마만큼 채우느냐 비우느냐에 따라, 사막으로부터 사방 어느 방향으로든 거리까지 조절하여, 원하는 지역에 비를 내리게 하고 그치게 할 수 있습니다. 철저히 과학적인 데이터에 의해 이렇게 사막을 운용함으로써 21세기의 지구를 풍요로운 낙원시대로 만들어가야 합니다.

둘째로 지구를 초원화할 수 있는 방안으로서 3년간의 실험을 통해, 광활한 황무지 지역을 큰 비용을 들이거나 많은 인력을 동원하지 않고도 짧은 시간 내에 초지로 바꿀 수 있는 식물을 찾아냈습니다.

그것은 바로 '돌나물'입니다. 돌나물은 따로 종자를 심을 필요가 없이 헬리콥터나 비행기로 살포해도 생존, 번식할 수 있으며, 추위와 더위, 황폐한 땅에서도 살아남을 수 있는 생명력과 번식력이 강한 식물입니다.

지구환경을 되살리는 초지조성 사업에 있어서 이것이 큰 도움이 되리라 생각합니다.

셋째의 대체에너지 개발에 있어서는 태양력, 파력, 풍력 등 1962년도부터 이 사람이 연구하고 얘기해왔던 방법들이 이미 많이 개발되어 실용화한 단계에 있습니다.

이 세 가지 일은 한 개인이나 한 국가가 할 수 있는 일이 아닙니다. 모든 국가가 앞장서서 전 세계적인 사업으로 이루어져야 합니다. 모든 국가가 함께 한 기금조성이 이루어져야 하고 기금조성에 참여한 국가는 이 시스템에 의한 전면적인 혜택을 입을 수 있도록 해야 합니다.

인류 모두가 지혜를 모아 이 일에 전력을 다한다면 인류는 유사이래 가장 좋은 시절을 맞이하게 될 것이며, 만약 이 일을 남의 일인 양 외면한다면 극한의 재앙을 면할 수 없을 것입니다.

이 사람이 오래 전부터 얘기해왔던 '울 안의 농법'은 이미 미국 라스베이거스(Las Vegas)에서 30층짜리 '고층 빌딩 농장'으로 구현되었습니다. 그렇게 크게도 운영될 수 있지만 각자 자신의 집에서 이루어지는 '울 안의 농법'도 필요합니다.

21세기에 있어서 또 하나 인류가 만일의 사태를 대비해서 연구, 추진해야 될 일이 있다면 바닷속에서의 수중생활, 수중경작입니다.

지구가 심하게 온난화될 경우, 공기가 너무 많이 오염될 경우, 바닷물이 높아져 살 땅이 좁아질 경우 등에 대비할 때, 인류는 우주에서의 삶보다는 바닷속에서의 삶을 준비해야 합니다. 왜냐하면 그것이 훨씬 수월하고 비용도 절감할 수 있기 때문입니다.

이렇게 깨달은 이는 이변적으로는 깨달음을 얻게 하여 영생불멸의 삶을 영위할 수 있도록 만인을 이끌어야 하며 사변적으로는 일반인이 예측할 수 없는 백 년, 천 년 앞을 내다보아 이를 미리 앞서 대비하도록 만인의 삶을 이끌어줘야 한다고 생각합니다.

불법의 뜻은 다만 진리 전수에만 있는 것이 아니니, 만인이 서로 함께 영원한 극락을 누릴 때까지 물심양면으로, 이사일여로 베풀어 교화해야 하기 때문입니다.

부록 4

가슴으로 부르는 불심의 노래

여기에 실린 것들은 모두 농선 대원 선사님께서 직접 작사하신 곡들이다.

수행의 길로 들어서게끔 신심, 발심을 북돋아주는 곡으로부터 수행의 길로 접어든 이의 구도의 몸부림이 담겨있는 곡, 대승의 원력을 발해서 교화하는 보살의 자비심과 함께 낙원세계를 누리는 풍류를 그려놓은 곡까지 가사 한마디, 한마디가 생생하여 그 뜻이 뼛속 깊이 새겨지고 그 멋에 흠뻑 취하게 된다.

농선 대원 선사님께서는 거칠고 말초적인 요즘의 노래를 듣고 이러한 정서를 순화시키고자, 또한 수행의 마음을 진작시키고자 하는 뜻에서 이 곡들을 작사하셨다.

가슴으로 부르는 불심의 노래 - 악보 목록

기타 노래 목록

가슴으로 부르는 불심의 노래 - 가사 목록

서원가

작사 문재현
작곡 배신영
노래 홍노경
느리게
A
B
참 나 를 깨 달 아 서 보 림 을 하 고 다 가 올 내 앞 날 의
보 살 의 가 는 길 이 험 난 타 해 도 맹 세 코 초 지 일 관
중 생 이 끝 이 없 다 말 들 을 해 도 보 현 의 만 행 다 해
서 원 이 라 네 기 어 코 육 바 라 밀 성 취 를 하 여 –
서 원 이 라 네 구 류 를 그 릇 따 라 깨 닫 게 하 여 –
제 도 를 하 여 유 정 과 무 정 모 두 다 한 그 날 이 –
불 보 살 님 큰 은 – 혜 – 에 보 – 답 하 – 면 서
스 승 님 의 큰 은 – 혜 – 에 보 – 답 하 – 면 서
삼 보 님 의 큰 은 – 혜 – 를 갚 – 는 날 – 이 니
영 원 히 구 제 의 길 나 는 – 가 리 – 라
영 원 히 구 제 의 길 나 는 – 가 리 – 라
영 원 히 구 제 의 길 나 는 – 가 리 – 라
Fine

반조 염불가

작사 문재현
작곡 배신영
노래 홍노경

느리게

소중한 삶

작사 문재현
작곡 배신영
노래 홍노경
(모데라토) ♩= 100
A
B
Em Bm Am Bm C D
Em Bm Am Bm Em
소 중
불 법
Em B7 C Em
한 나 날 들 을 아 끼 면 서 사 랑 으 로 베 풀
은 영 원 하 고 행 복 한 삶 회 복 하 려 노 력
B7 Em
며 사 노 라 면 삶 이 란 고 해 만 은- 아 니 리 라
하 는 길 - 이 니 우 리 의 삶 앞 날 은- 밝 으 리 라
B7 Em Am B7
고 운 시 선 - 고 운 말 로 - 어 울 - 려 -
좋 은 마 음 - 좋 은 말 로 - 감 싸 - 주 - 고 -
Em Am B7 Em B7
격 려 하 며 - 힘 든 삶 - 극 - 복 하 면
삶 - 속 에 - 불 법 을 - 실 - 천 하 면
Em Am B7 Em
좋 은 업 - 좋 은 날 - 약 속 이 아 니 던 가
영 원 하 고 - 행 복 한 삶 - 약 속 이 아 니 던 가
Fine

석가모니불

국악가요

작사 문재현
작곡 배신영
노래 홍노경

맹서의 노래

작사 문재현
작곡 배신영
노래 홍노경

느리게

염원의 노래

작사 문재현
작곡 배신영
노래 홍노경
느리게
A
B
언젠
가- 그 언 젠- 가- 내- 살 던- 이 곳 이- 잡-
노을- 빛 - 속- 에- 눈- 감 고- 서- 서- 덧-
초 에- 덮 였 으 - 니 연 -못 과 누 대 는 어 디 메 냐 - 짙 은
없 는- 인 생 사 - 를 깨 -워
주 리 라 맹 세 하 네 사 람 과 사 람 마 다 - 영 원 한 한 물 건 -
꽃 피 어 화 려 함 은- 우 리 님 맘 이 요 -
본 래 에 지 녔 으 니- 모 래 알 진 주 를 이 루 듯 이 오 늘 의 고 뇌 를 - 미-
곳 곳 의 화 평 함 은- 우 리 님 억 겁 의 서 원 이 라 우 주 법 계 모 두 가 성-
소 로 인 고- 하 며 보 - 배 를 이 - 뤄 가 는 희 망
품 - 의 - 낙 원 거 - 룩 한 소 - 원 성 취 노 래
으 로 살 아 가 세
로 써 불 려 져 라
Fine

음성공양

작사 문재현
작곡 배신영
노래 홍노경

느리게

A
inter
B
부 처
누 리
님 그 사 랑 속 의 우 리 는 행 복 이 로 세 세 월
위 빛 이 신 당 신 오 심 은 영 광 이 로 세 나 를
흐 름 깊 - 은 만 큼 젖 어 든 - 나 의 이 행 복 이
깨 운 반 - 야 - 의 지 - 혜 - 닦 아 이 뤄 서 님
세 상 의 - 모 든 분 들 부 처 님 사 랑 에 - 젖 고 젖어 봐 요 젖
의 은 혜 - 보 답 하 는 그 서 원 다 하 는 - 초 지 일관 으 로 구
은 만 치 복 - 되 - 고 행 복 을 누 - 리 리 니 오
류 중 생 멸 - 도 - 해 이 세 상 이 - 대 로 를 낙
는 - 나 날 그 자 체 그 대 로 가 낙 원 - 이 - 길 서
원 - 으 로 이 루 어 함 께 누 릴 그 날 - 오 - 길 합
원 하 는 기 도 - 로 - 써 음 성
장 기 도 노 래 - 로 - 써 음 성
공 양 올 리 옵 니 - 다
Fine
공 양 올 리 옵 니 - 다

발심가

작사 문재현
작곡 배신영
노래 홍노경
보사노바
A
B
우 - 리 네 한 세 상 - 보 람 찬 삶 - 으 로 -
참 - 나 를 깨 달 아 - 보 림 을 하 - 고 요 -
본 - 연 - 한 몸 의 - 능 력 을 베 - 풀 어 -
눈 - 깜 박 하 는 새 - 한 세 상 다 - 가 고 -
바 꾸 기 위 - 하 여 - 닦 아 들 봅 - 시 다 -
자 비 심 발 - 하 여 - 구 제 길 나 - 서 서 -
극 - 락 세 - 계 - 장 엄 을 하 - 구 요 -
부 귀 와 공 - 명 은 - 잠 시 의 꿈 - 이 라 -
청 춘 - 홍 안 이 - 얼 마 나 길 - 던 가 -
중 생 들 세 계 에 - 고 통 을 없 - 애 어 -
둥 실 - 두 둥 실 - 누 리 기 위 - 하 여 -
이 러 한 되 풀 이 - 금 생 에 끝 - 내 어 -
꿈 꾸 는 사 - 이 에 - 백 발 이 된 - 다 네 -
극 락 이 되 - 도 록 - 최 선 을 다 - 하 세 -
오 늘 의 어 - 려 움 - 극 복 을 해 - 내 세 -
윤 회 의 사 슬 에 서 - 벗 어 나 납 - 시 다 -
1-2절 D.C
3-4절

자비의 품

작사 문재현
작곡 배신영
노래 홍노경
느리게
A
Em Am D G
C Am F#7(b5) B7
B
대
대
Em Am D G
자 대비보 살 의 사 랑 알지못 하고-
자 대비보 살 의 사 랑 자비의 품을-
C Am F#7(b5) Cmaj7 B7
외 면한 저중생 들을- 그래도가- 엾어-
떠 나간 저중생 들을- 저리도애- 타게-
Em C B7 Em
잊- 지 못 하 는 그 진한- 마 음 모 른
부 르고부 르 는 절 절한- 마 음 새 기
Am G Em
체 하 고-업 따라 갈 수 가 있- 나- 아- 아 하늘땅
고 새기면-업 따라 갈 수 가 있- 나- 아- 아 하늘땅
B7 Em Am D7 G
사 이- 다시 또 없는 자비의 품에- 어서돌아 와
사 이- 다시 또 없는 자비의 품에- 어서돌아 와
C B7 G B7 Em
감 로 수 에 소_ 원 이 루- 라-
감 로 수 에 소_ 원 이 루- 라-
Fine

부처님 은혜 1

작사 문재현
작곡 배신영
노래 홍노경
느리게
노을이 짙고 새둥-지- 찾을땐- 부처 님의 절절한- 말씀 생각이나고
눈에이슬 맺힌채-참회 기도- 명상으로써 억- 겁업을-
재우노 라면 구름그늘- 서늘한바 람 불어옴을-맞음 이랄까-
상쾌하고 확트인 가 슴- 희망의 미- 소
입가에 번- 지- 고 콧노 래가절로흘러나 온다- 고맙
습 니다- 참- 고맙습니 다 더없이큰부처 님은 혜
구류중 생을-구제함으로 써 갊는것이서원- 입니 다 서원
향 해- 될- 것-입니 다- 서원향해다할것입니- 다-
Fine

보살의 은혜

작사 문재현
작곡 배신영
노래 홍노경
느리게
A
B
파 - 도 에 실려 떠가 는 낙엽같이 살아가는 인 생 -
구 원 코 자 - 따 라 주 며 같 이 하 는 자 - 비 인 데 -
제 안 경 에 보 인 대 로 말 들 - 하 - 지 - 만 -
눈 이 멀 고 귀 가 먹 은 저 들 - 이 - 지 - 만 -
못 들 은 척 - 모 르 는 척 최 - 선 - 다 하 - 리
황 소 처 럼 - 지 장 처 럼 최 - 선 - 다 하 - 리
바 - 른 눈 바 - 른 맘 통 쾌 - 히 열 어 라 -
지 - 혜 눈 지 - 혜 맘 통 쾌 - 히 열 어 라 -
아 - 아 아 - 아 그 - 날 - 이
아 - 아 아 - 아 그 - 날 - 이
그 - 날 이 오 기 만 을 기 다 리 는 마 - 음 -
그 - 날 이 오 기 만 을 기 다 리 는 마 - 음 -

이 생에 해야 할 일

작사 문재현
작곡 배신영
노래 홍노경
Trot Disco ♩= 140
A
F#m C#/F A/E B/E♭
Bm C#7
B
F#m Bm7 C#7 F#m
세상사람 날찾는일 등한하지- 만 생각들
번갯불이 스쳐가듯 가는한세- 상 맘닦아
F#7 C#7 A C#7
해보구려 그러할일이던 가 번갯불- 스쳐가듯-
긴미래를 내마음내뜻대 로 대천세계 여저기서-
F#m C#7 F#m C#maj9 F#m
아- 아 무 상 한 한 세- 상
아- 아 풍 류 를 누 리- 며
F#7 Bm7 F#m
- 맘닦- 아 내 낙 원 을 -
끝없- 는 구 제 의 길 -
D Bm F#m C#7
내이뤄 누리는일 아 - 아 우 리 모 -
자비로 실천할일 아 - 아 우 리 모 -
F#m C#7 F#m C#7
두 해야할일 이일뿐일 세 해야할 일 이일뿐일
두 해야할일 이일뿐일 세 해야할 일 이일뿐일
F#m
세 -
세 -
DS. all play

구도의 목표

작사 문재현
작곡 배신영
노래 홍노경

느리게
A
B
눈 뜨 면 관 음 우 러 러 보 문을 따르며- 하
루 하 루 를 최 선-다 하 는 일 에
언 제 나 떳떳한 불 자 로 서원코 큰 은 혜 갚 는 보 살-행-
대자대 비 를- 베- 풀어 어느때 어 느곳 그 무 엇- 가리지 않는
이-로- 제- 일의- 사 표 가 될 것 을 목 표 로 삼 을
겁 니 다 아 아 사 바 의 세 계 가
다 하는 - 그 날 까 지
D.S.
Fine

님은 아시리

작사 문재현
작곡 배신영
노래 홍노경

Moderato ♩= 100

사계 절의- 풍광 인들- 위로-되-겠-니
같이- 되지 않아- 기도- 에-젖-은

- 서사 시의- 음률 인들- 쉬-어지-겠-니- 뜻과
이

마음- 님-은- 아- 시-리- 한 세 상 열
청 춘 의 모

정 쏟-아 닦는 수 행길- 불 보 살님 출 현 하 셔 베
든 욕-망 사뤄 버 리고- 회 광 반조 촌 각 아 낀 열

푼 자-비-에- 모 든 망 상- 모- 든 번-
정 쏟-아-서- 이 룬 선 정- 그- 효 력-

뇌 없었으 면 좋으련 만 마음대로- 안되 는게- 수행이 더
이 있었으 면 좋으련 만 마음대로- 안되 는게- 보림이 더

D.S. al Coda

Fine

라 수행이 더라- 마음대로- 안되는게- 수행이더 라 수행이 더라-
라 보림이 더라-

부처님 은혜 2

작사 문재현
작곡 배신영
노래 홍노경
느리게
A
B
낙엽이지고국향-이 질 을땐- 부처 님의고고한- 말씀 법계화되 고
대승보살 나투어 -그릇 따라- 베 푼 법문에 만난 사- 람-
모두가 깨쳐 두타보림- 수행을하 여 있는그곳-극락 이어 서-
걸음걸 음 상쾌한 가 슴- 입가에 미- 소
언제나 번- 지- 는 대자유삶누릴지어 - 다- 고맙
습 니다- 참 - 고맙습니 다 촌각인들 부 처 님 은 혜
그어찌 한들- 잊을 날있으 리 불은갚 는그날- 까지 는 서원
향 해- 뛸 - 것- 입니다- 서원향해다할것입니 - 다-
Fine

성중성인 오셨네

(초파일노래)

작사 문재현
작곡 배신영
노래 홍노경

내 문제는 내가 풀자 1

작사 문재현
작곡 배신영
노래 홍노경
조금빠르게
A
F♯m Bm7 C♯7 F♯m
나 의
B
F♯m Bm7 D C♯7
문 제 그 뉘 라 서 풀 어 주 – 랴 내
없 는 이 보 고 인 자 신 에 – 서 사
F♯m Bm7 C♯7 F♯m
일 은 – 내 가 풀 어 야 지 누
고 와 – 명 상 깊 이 다 해 깨
C♯7 F♯m Bm7 C♯7
구 에 – 게 빌 지 를 말 – 자 지
달 아 – 서 누 리 며 살 – 자 지
F♯m Bm7 C♯7 F♯m
금 이 어 느 때 인 데 허 공 향 해 구 걸 하 랴 –
금 의 때 에 맞 는 삶 모 두 함 께 웃 고 사 세 –
F♯m Bm7 C♯7 F♯m
다 함 D.S
F♯m Bm7 C♯7 F♯m
Fine

즐거운 밤

작사 문재현
작곡 배신영
노래 홍노경

Trot Disco ♩= 145

관음가

작사 문재현
작곡 배신영
노래 홍노경

조금빠르게 ♩= 130

A

B

꽃 을 보 아 도 먼 산 을 보 아 도 그 리 움 그 리 움 이 - 더 - 해-

진 - 관 - 세 - 음 관 - 세 - 음 은 -

포 - 근 한 아 - 아 - 품 이 - 랍 - 니 - 다 -

기 쁠 때 에 도 어 - 려 울 때 에 도 자 애

로 다 가 오 셔 - 서 힘 - 이 되 -

2xbis

신 관 - 세 음 관 세 음 은 - 포 근 한 - 품 - 이 랍 니

- 다 -

Fine

부처님

작사 문재현
작곡 배신영
노래 채연희

열반재일

작사 문재현
작곡 배신영
노래 채연희
Slow GoGo ♩= 86
A
Am G Am Dm E7
Am G/B C Dm Esus4 E
B
Am G Am Dm E7
인 연 다 함 - 아 시 기 에 - 구 제 방 편 - 거 두 시 어 -
대 자 대 비 - 거 룩 하 신 - 가 르 치 심 - 이 세 상 에 -
Am G Am Dm E7
열 반 드 신 - 그 자 재 는 - 그 누 구 가 - 흙 내 인 들 -
길 이 길 이 - 펼 쳐 져 서 - 그 언 젠 가 - 이 고 해 가 -
E7/G# Am G Dm Am
내 오 리 까 - 오 고 감 을 뜻 대 로 한
낙 원 으 로 - 되 는 날 을 믿 는 마 음
G C E7 Am Dm
거 - 룩 함 에 정 례 합 니 다 정
우 - 러 러 서 정 례 합 니 다 정
E Am
례 합 - 니 다 -
례 합 - 니 다 -
Fine

성도재일

작사 문재현
작곡 배신영
노래 채연희
Slow GoGo ♩= 78
A
B
찬 양 합 니 다　찬 양 합 니 다　도 이 루 심 찬 양 합 니 다
맹 세 합 니 다　맹 세 합 니 다　부 처 님 의 뒤 를 이 어 서
이 세 상 에　그 어 떤 -　일 인 들 이 보 다　기 쁘 고 거 룩 한 일
생 사 고 통　영 원 히 -　면 하 게 이 끄 신　봉 화 의 바 른 불 빛
있 - 으 - 리　그 옛 날 의　오 늘 이 룬
지 - 혜 - 로　어 둔 그 늘　모 두 밝 혀
부 처 님 의　광 명 지 혜　없 었 다 - 면
부 처 님 의　세 상 으 로　바 꿔 놓 - 는
중 생 들 - 이　생 사 고 통　면 할 길 을
그 일 에 - 서　제 일 가 는　모 습 보 여
감 히 어 찌　알 았 으 리　감 사 합 니 다
부 처 님 의　은 혜 갚 음　지 켜 보 소 서
감 사 합 니 다
지 켜 보 소 서

석굴암의 노래

작사 문재현
작곡 배신영
노래 채연희
Moderato ♩= 98
A
Cm9 Fm B♭ E♭
A♭ Fm D G7
B
Cm Fm B♭ Cm
그 윽 히 내 려 트 인 높 고 높 은 산 기 슭 에
태 초 의 이 마 음 이 무 명 으 로 경 계 이 뤄
Cm Fm G Cm
명 월 보 다 밝 은 모 습 근 엄 도 하 셔 라 뵈 옵
꿈 의 세 상 이 어 져 서 이 런 삶 됐 지 만 거 룩
Cm Fm E♭ G7
는 그 순 간 티 끌 번 뇌 사 라 지 니 한 없
한 가 르 침 깊 이 새 긴 실 천 으 로 일 상
Cm Fm E♭ Gmaj13(♯11) last time
이 고 요 하 여 지 - 순 한 마 음 일 세 이 마 음
의 시 시 때 때 생 활 화 가 되 는 그 날 이 세 상
Fm Cm G7 Cm
속세에 있을때 도 지 속 되 면 거 치 른 이세상도 태평세
이대로가 정 - 토 의 세 상 되 어 노 래 와 춤으로써 길이길
G7 Cm C 간 주 Cm
계 될것일 세
이 즐길걸 세
D.C.
Fine

님의모습

작사 문재현
작곡 배신영
노래 채연희
Slow Waltz ♩= 82
A
Am Dm
C E7 Am
B
Am Dm E7
합 장 속 의 봉 - 화 처 럼
대 자 비 의 육 - 신 통 을
님 의 모 습 그 - 위 력 에
Am G/B C Dm E
나 타 나 신 모 - 습
갖 춰 나 툰 모 - 습
보 림 이 룬 마 - 음
Am G/B C E7 Am
사 색 속 의 태 - 양 처 럼
우 리 들 의 온 - 갖 소 원
님 의 모 습 나 - 툰 찰 나
Am E+5 E7 Am
나 타 나 신 - 모 - 습
이 뤄 주 신 - 모 - 습
둘 이 아 닌 - 마 - 음
Am E Am E
아 - 아 - 미 소 속 - 의
아 - 아 - 백 천 삼 - 매
아 - 아 - 님 의 모 - 습

Dm
Am
-Bis-
F
E7
무 지 개 를 타 - 고 나 - 툰 - 모 -
나 에 게 서 깨 - 워 주 - 신 - 모 -
그 대 로 가 유 - 마 묵 - 연 - 마 -
Am
습
습
음
Fine

믿고 따르세

작사 문재현
작곡 배신영
노래 채연희
Dsico (double beat) ♩= 136
A
F Dm Gm C F Dm Gm G F
B
고 - 해 일 - 러 낙원이라 한 불보-살님그 - 말씀 의
참 - 나 깨 - 친 밝은지혜 로 선행-닦아사 - 상없 는
진 실 한 경 지 알 려-거 든 보 고 듣 는 그 곳 향 해
일 상 의 생 활 이 루-는 날 고 해 일 러 낙 원 이 란
명- 상 하- 게 명 상- 으 로 분- 별
말- 씀 의- 뜻 내 - 뜻- 되- 어
망 상 없 - 어 지 고 고 요 로 움 극 해 지 면
큰 웃 음 을 - 껄껄짓 고 대 장 부 로 삼 계 구 할
불 멸 의 나 깨 - 치 네
서 원 세 워 행 - 하 리
Fine

신명을 다하리

작사 문재현
작곡 배신영
노래 채연희

Slow ♩= 64 국악가요
A
B
사바세계- 사 - 는 그게
죄 를 짓는바탕이라 크 나큰- 자 비 로- 써
이끄시는 가르 침에 신 명다해- 따 름으로
두 텁-다는-업녹으 면 무명 깨고 자성 밝혀 큰 웃
음 을 지으 리-니 그-날- 에 가
르치신 큰은혜 를 갚-으 리 라 음 어 떤
고 난 있-다해 도 큰-의 지로- 극복해서 온 누
리를- 정토의낙원 으로 이루- 리 라 그-날- D.S.
C
6BAR
코러스
음 - 음 -

부처님께 바치는 마음

작사 문재현
작곡 배신영
노래 채연희
Slow ♩= 78
A
Dm Bb Gm Em7(b5) A7
Bb F/A Gm7 Asus4 A
B
Dm F Em7(b5) A7 Dm
늘 새 롭 게 태 어 남 으 로 누 리 는
늘 새 롭 게 태 어 남 으 로 오 늘 도
A7 A7sus Dm A7
삶 을 깨 닫 게 이 끌 어 - 주 신 부 처 님 어 -
또 한 내 일 도 함 없 는 - 함 의 즐 거 움 어 -
Gm Dm F Em7(b5) A7
찌 감 사 함 으 로 만 족 하 리 까
찌 누 림 으 로 만 만 족 하 리 까
Dm Gm Em7(b5) Asus4 A
부 처 님 처 럼 관 세 음 - 처 럼 닦 고 이 루 고 갖 추 어 서 베
부 처 님 처 럼 관 세 음 - 처 럼 그 리 되 도 록 최 선 다 해 구
Gm Dm Bb A7
풂 - 으 로 - 구 제 하 는 맘 구 류 가 다 한 날 까 지
류 - 들 을 - 구 제 해 내 는 대 자 비 의 무 장 으 로 써
Dm C/E F Gm Dm
최 선 다 함 만 이 크 나 큰 은 - 혜 갚 음 이 라 영 원 히 신 -
신 명 다 함 만 이 크 나 큰 은 - 혜 갚 음 이 라 부 처 님 전 -
A7 Dm Dm
명 다 할 겁 - 니 다
에 합 장 합 - 니 다
Fine

감사합니다

작사 문재현
작곡 배신영
노래 채연희

Polka ♩= 122
A
B
감사합니다 환영합니다 이땅위에오신것을-
나를깨우려 대자대비로 이땅위에오셨기에-
축하합니다 경축합니다 성중성인오신것을-
우리모두가 감사함으로 우러러서받듭니다-
only-last-time-
손에손을- 서로잡고- 모두함께 즐거워서-
손에손을- 서로잡고- 노래하고 춤을추며-
발걸음도- 가벼웁게- 춤을춥-니다-
나날마다- 오늘같길- 기도합-니다-
춤을춥-니다-
기도합-니다-
D.C.
To - A② no rep

교화가

작사 문재현
작곡 배신영
노래 채연희
Slow Waltz ♩= 82
A
Dm A/C# C6 G/B
B♭ Gm7 Asus4 A
B
Dm A Dm
주 장 자 떨 처 메 고 -
주 장 자 떨 처 메 고 -
주 장 자 떨 처 메 고 -
Dm A
방 랑 삼 - 천 계 -
방 랑 삼 - 천 계 -
방 랑 삼 - 천 계 -
Dm F A
흰 구 름 뜬 고 개 - 넘 어
흰 구 름 뜬 고 개 - 넘 어
흰 구 름 뜬 고 개 - 넘 어
Dm A/C# Dm
오 신 님 이 누 - 구 뇨 -
오 신 님 이 누 - 구 뇨 -
오 신 님 이 누 - 구 뇨 -
Gm F Dm D/F# Gm
사 바 세 계 중 생 들 을
구 류 중 생 그 릇 따 라
화 장 세 계 열 어 놓 고

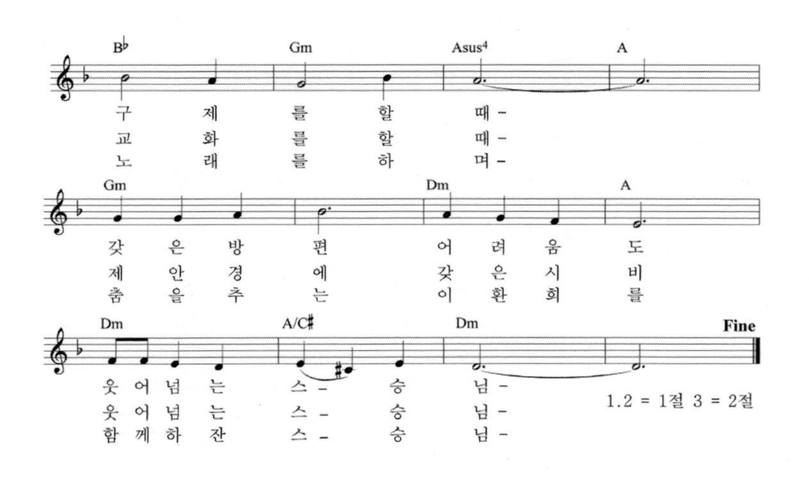
B♭ Gm Asus4 A
구 제 를 할 때 -
교 화 를 할 때 -
노 래 를 하 며 -
Gm Dm A
갖 은 방 편 어 려 움 도
제 안 경 에 갖 은 시 비
춤 을 추 는 이 환 희 를
Dm A/C♯ Dm Fine
웃 어 넘 는 스 - 승 님 -
웃 어 넘 는 스 - 승 님 -
함 께 하 잔 스 - 승 님 -
1.2 = 1절 3 = 2절

섬진강 소초

작사 문재현
작곡 배신영
노래 채연희
Slow GoGo ♩= 84
A
B
광 양 - 포 구 팔 십 - 리 의 거 룻 배 에 몸 을 싣 고
하 동 - 포 구 팔 십 - 리 에 거 룻 배 를 띄 워 놓 고
석 양 노 을 고 운 빛 에 물 새 도 맘 읽 누 나
노 을 들 어 법 문 하 니 어 우 러 진 웃 음 이 네
광 양 하 동 어 우 름 의 한 결 같 은 섬 진 강 은
이 위 력 이 세 상 그 늘 모 두 거 둬 열 린 세 상
머 언 머 언 그 날 에 도 오 늘 처 럼 - 흐 르 리 라
평 등 낙 원 누 림 으 로 노 래 하 며 - 살 게 되 리
우 리 도 저 런 맘 길 이 지 녀 누 리 며 사 세
그 날 을 위 한 삶 모 두 함 께 노 력 해 사 세
Fine

권수가 1

작사 문재현
작곡 배신영
노래 채연희
Bounce ♩= 120
A
G C G G C G Am D
C G/B Am D
B
G Em C G
아 니아 니 - 닦지 는 못하리라 - 일 분과 일 각 - 도 -
아 니아니 - 닦지 는 못하리 라 - 한송이 떨어진 꽃을낙화 진 다 고
Em G C G
허 - 송하지말게 눈 - 감 아 - 뜨 는사이백 - 발 - 과 주 름일 세 -
서러워마라 한번 피 - 었 다 - 꽃 이지듯우리저렇듯 지 고마 는 -
G Am D G C G G Am G/B
어 서수행을하여영원한 참나를알고사 - 세 -
슬 픈나날이흘러흘 - 러 흘러만가니어이하 리 -
C G Am7
이 것 이것 이 것이 뭐 꼬 뭐 꼬 라고 한 - 이것 이 뭐
차 착 각 - 저 초 침소 리 검 은 옷으로 - 다 가 오
D G E
꼬 - 보 일 듯 이 아 니 보 이 고
는 - 저 승 의 사 자 소 - 리

Am G Em G
이룰듯하다가 놓쳤으니- 하루하루가 태산만같게
어 찌아 니 슬플쏜가- 숙-명적인 인과라해도
Em Am D G D
커져만- 가는게 의심일 세- 얼 씨구 나 좋 다-
극복해-넘기에 어 려웁 네- 얼 씨구 나 좋 다-
Em C G Em
지 화 자 좋 네- 아니닦지 는 -코러스-
지 화 자 좋 네- 아니닦지 는
Am D G
못- 하 리- 라-
못- 하 리- 라-
Fine

권수가 2

작사 문재현
작곡 배신영
노래 채연희
Bounce ♩= 120
A
G C G G C G Am D
C G/B Am D
B
G Em C G
아 니아 니- 닦지 는 못하리라 - 적 적 요 요 달 밝 은 - 밤 - 에 -
아 니아 니- 닦지 는 못하리라 - 어 지 러 운 번 뇌 - 망 - 상 -
Em G C G
단정 히 눈 을감 은 깊 은삼 매 - 대상 없는낙에 취 해 짓 는미 소 -
털 - 고 이룬보 리마음모 든 속 박 - 다 떨치고호연지기를 누 리 는 데 -
G Am D G C G G Am G/B
한산 습득이 즐겨누리 는 그낙 이 아니 던 - 가 -
송 죽 바 람 솔 솔 향 기 그윽하고 - 그윽하 네 -
C G Am7
모 두 들 - 저 런낙 을 - 누 리 려거 든 - 닦 고 닦
산 새 도 - 노 래하 니 - 너 도좋고 - 나 도 좋
D G E
소 - 삼 세 모 든 불 보 살 님 도
다 - 삼 세 제 불 무 현 금 - 에

Am G Em G
두타의수 행을 인내로 써 하 루하 루 를 수 행해 왔 던
역 - 대조 - 사 무 공 적 의 명 - 월 삼 경 이 좋은 밤 을
Em Am D G D
결 실 로 - 얻어 진 과 위 라 네 얼 씨 구 나 좋 다
두 둥 실 - 두 둥 실 즐 겨 보 세 얼 씨 구 나 좋 다
Em C G Em
지 화 자 좋 네 아 니 닦 지 는 - 코 러 스 -
지 화 자 좋 네 아 니 닦 지 는
Am D G
못 - 하 리 - 라
못 - 하 리 - 라
Fine

우란분재일

작사 문재현
작곡 배신영
노래 채연희

Trot in4 (double beat) ♩= 134

A

Gm E♭ D7 Gm E♭ D7

B

Gm D7 Gm Am7(♭5) Dsus7 D

우 란분 재 맞- 이 해 서 대자대비-부처-님 을
정 성어 린 마- 음 으 로 이고득락-비옵-나 니

Gm D7 E♭ Am7 D7

이 자- 리 에 청해모 셔 다생부모 왕생극 락
세 상- 애 착 모두끊 고 부처님의 그세상 에

D7 Gm D7 Gm

정성다한맘 입 니 다 지 혜 짧 아 못-미-처 서
나시기만원 합 니 다 다 생 겁 에 경-험-하 신

Gm D Gm Cm6 D7

중한은혜 입-고서 도 보 은보 답 못하고 서
부질없는 몸-종노 릇 그 허망 을 떨침만 이

Gm D7 Cm Gm11

이생까지 이-른것 을 머 리-숙 여 부처님 께
윤회고를 벗-어나 는 길 이-오 니 그리되 길

E♭ D7 D7 Gm

참 회 합 니- 다 참 회- 합 니- 다
비 옵 나 이- 다 비 옵- 나 이- 다

Fine

고맙습니다

작사 문재현
작곡 배신영
노래 채연희
Waltz ♩= 108
A
Am Dm
C E7
B
Am Dm
이 런이도 고 마옵고 저 런이도 고 마우며
이 런일도 없 었고 - 저 런일도 없 었고 -
어 려운일 없 었다면 안 되는일 없 었다면
참 을인자 공 덕이 - 어 질인자 공 덕이 -
C E7 1.
모 - 두가 고 맙습니 다 - 음
모 - 두가 없 었다 - 면 -
고 - 마움 알 았으리 오 -
이 - 리도 큰 거란 - 걸 -
2. Am Am Dm
음 백 겹 천 생 몸 - 쓸 업
알 고 보 니 님 - 의 은
Em Am C
장 닦지못 했을 걸 고 - 마 워
혜 님의은 혜일 세 고 - 마 워
E7 Am G C
요 고 마 워 - 요 정 말 정 말
요 고 마 워 - 요 정 말 정 말
Em Am
고 맙 습 니 다 -
고 맙 습 니 다 -
Fine

믿음으로 여는 세상

작사 문재현
작곡 배신영
노래 채연희
Slow ♩= 76
A
B
우 리 들 모 두 가 부 처 님 의 지 해 - 활 짝 열 린 가 슴 으 로 써
우 리 들 모 두 가 참 선 을 할 때 는 - 모 두 비 워 명 경 지 수 로
다 같 이 도 와 서 - 살 아 들 간 - 다 면 훈 풍 같 은 앞 날 이 리 라
참 나 를 관 조 해 - 실 경 에 사 - 무 쳐 깨 달 아 서 활 짝 웃 는 날
아 - 즐 - 겁 게 즐 겁 게 마 - 음 을 다 스 려 참 모 습 을 이 루 노 라 면
아 - 즐 - 겁 게 즐 겁 게 법 - 담 을 함 으 로 꽃 피 울 걸 맹 세 를 하 고
정 - 토 의 세 상 이 우 리 를 맞 - 으 리 우 리 모 두 기 도 합 시
정 - 진 에 정 진 을 정 진 에 정 - 진 을 우 리 모 두 실 천 합 시
다 다 같 이 기 도 합 시 - 다
다 다 같 이 실 천 합 시 - 다
Fine

출가재일

작사 문재현
작곡 배신영
노래 채연희
Moderato ♩= 106
A
B
장 하 십 니 다 장 하 십 니 다
장 하 십 니 다 장 하 십 니 다
그 의 지 가 장 하 십 니 다
갖 은 역 경 부 딪 쳐 서 도
이 세 상 의 모 든 사 람 탐 을 내 는 왕 의 지 위 와
초 지 일 관 변 함 없 음 우 러 러 서 존 경 합 니 다
왕 비 와 의 궁 중 낙 을 미 련 없 이 버 리 시 고
나 밖 에 서 찾 으 려 는 어 리 석 음 버 리 고 서
고 – 행 수 – 도 하 겠 다 한 – 굳 은 의 지 머 리
내 – 안 에 – 서 찾 으 려 한 – 깨 침 향 한 굳 은
숙 여 찬 탄 합 니 다 찬 탄 합 니 다
의 지 찬 탄 합 니 다 찬 탄 합 니 다
Bis
Fine

염원

작사 문재현
작곡 배신영
노래 채연희

우리네 삶, 고운 수로

작사 문재현
작곡 배신영
노래 채연희
Swing ♩= 122
A
G Em Am D
G C D G D
B
Em Am
어 리 어 리 어 - 우 리 우 리 함 께 사 랑 하 며
어 리 어 리 어 - 우 리 남 녀 노 소 식 구 처 럼
어 리 어 리 어 - 우 리 남 녀 노 소 식 구 처 럼
G C C/D G C/D
어 울 려 노 래 와 춤 으 로 나 -
어 울 려 나 누 는 맘 으 로 나 -
어 울 려 나 누 는 맘 으 로 나 -
Em Am
어 리 어 리 어 - 우 리
어 리 어 리 어 - 우 리
어 리 어 리 어 우 리
G Em C D G 1.,2. G 3.
우 리 네 삶 고 운 수 로 꾸 며 가 세 세 Fine
우 리 네 삶 고 운 수 로 꾸 며 가 세
우 리 네 삶 고 운 수 로 꾸 며 가 세

숲속의 마음

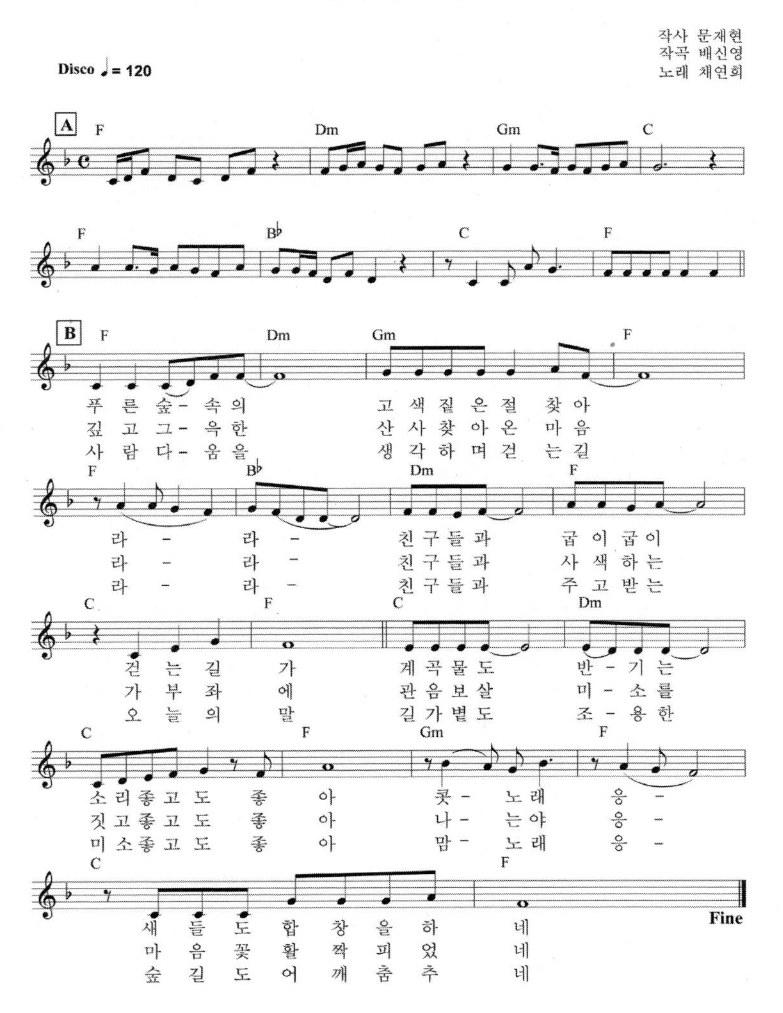
작사 문재현
작곡 배신영
노래 채연희
Disco ♩= 120
A
B
푸 른 숲 - 속 의 고 색 짙 은 절 찾 아
깊 고 그 - 윽 한 산 사 찾 아 온 마 음
사 람 다 - 움 을 생 각 하 며 걷 는 길
라 - 라 - 친 구 들 과 굽 이 굽 이
라 - 라 - 친 구 들 과 사 색 하 는
라 - 라 - 친 구 들 과 주 고 받 는
걷 는 길 가 계 곡 물 도 반 - 기 는
가 부 좌 에 관 음 보 살 미 - 소 를
오 늘 의 말 길 가 볕 도 조 - 용 한
소 리 좋 고 도 좋 아 콧 - 노 래 응 -
짓 고 좋 고 도 좋 아 나 - 는 야 응 -
미 소 좋 고 도 좋 아 맘 - 노 래 응 -
새 들 도 합 창 을 하 네
마 음 꽃 활 짝 피 었 네
숲 길 도 어 깨 춤 추 네
Fine

사색

작사 대원 문재현
작곡 배신영

조 용 – 히 눈 – 감 고 – 서 참 – 나 를 살 펴 – 봐 요
조 용 – 한 사 – 색 으 – 로 깨 – 달 아 살 펴 – 보 면
갖 은 생 각 모 든 행 이 이 로 좇 아 있 건 만 – 은
온 갖 지 혜 모 든 덕 이 이 로 좇 아 있 – 음 – 에
색깔도모양도없 어 알 –고파서 사 색일 세 모든걸내려놓고 –
그능력베풀고펼 쳐 누 –리려고 수 행일 세 모두를다비우고 –
쉬는시 간사 색으 로 한 걸음또한걸음 다가서는노력다해 기어이성취하여
님의자 취따름으 로 한 걸음또한걸음 극락세계다가가서 기어이성취하여
낙 원 의 – 삶 –누 리 려 네
너 나 없 – 이 –누 려 보 세

천부경을 아시나요

작사 대원 문재현
작곡 배신영

우리조상 깊 - 은진리 천부경을아시나 요
바른진리 깨 - 달아서 이세상을바로봐 요

여 든 - - 한 - 자속에 누 리의 - 온이 - 치 - 를
마 음 - - 의 능 - 력으로 펼 쳐놓은장엄 - 이 - 라

남 김없이 - 담으셨 - 네 - 필부의사내 - 라 도
화 려하고 - 아름답 - 네 - 이땅인이대 - 로 가

마음을 - 갈고닦 - 아 영원 한참 - 나깨 - 쳐
낙원의 - 세계이 - 니 노래 와춤 - 으로 - 써

환인 - 큰은혜에 보 답 - 해사 - 세
어깨 - 동무하고 영 원 - 히사 - 세

보살가

작사 대원 문재현
작곡 김동환

너무느리지않게 ♩ = 80

세상사에어 울린 구 제의길
어려움도웃어넘긴 이 마음을 흰 구름너도알리 라
성불의보리과를 이루기위해 두타의수행으로 써

이세계저세계서 닦았던보현행을 영원히펼치 — 리

님은 아시리

1 부

1. 사계절의 풍광인들 위로되겠니
서사시의 음률인들 쉬어지겠니
뜻과 같이 되지 않아 기도에 젖은
이 마음 님은 아시리
한 세상 열정 쏟아 닦는 수행길
불보살님 출현하셔 베푼 자비에
모든 망상, 모든 번뇌 없었으면 좋으련만
마음대로 안 되는 게 수행이더라, 수행이더라

2. 사계절의 풍광인들 위로되겠니
서사시의 음률인들 쉬어지겠니
뜻과 같이 되지 않아 기도에 젖은
이 마음 님은 아시리
청춘의 모든 욕망 사뤄버리고
회광반조 촌각 아낀 열정 쏟아서
이룬 선정 그 효력이 있었으면 좋으련만
마음대로 안 되는 게 보림이더라, 보림이더라

3. 사계절의 풍광인들 위로되겠니
서사시의 음률인들 쉬어지겠니
뜻과 같이 되지 않아 기도에 젖은
이 마음 님은 아시리
억겁의 모든 습성 꺾어보려고
갖은 노력 갖은 인내 온통 쏟아서
세월 잊은 보림 성취 있었으면 좋으련만
마음대로 안 되는 게 성불이더라, 성불이더라

2 부

1. 사계절의 풍광인들 비유되겠니
가릉빈가 음률인들 비교되겠니
뜻과 같이 자유자재 베풀어놓고
한없이 즐기시련만
그러한 대자유의 삶을 접고서
중생들을 구제하려 삼도에 출현
갖은 역경 어려움을 감내하는 자비로써
깨워주는 그 진리에 눈을 뜨거라, 눈을 뜨거라

2. 사계절의 풍광인들 비유되겠니
가릉빈가 음률인들 비교되겠니
뜻과 같이 자유자재 베풀어놓고
한없이 즐기시련만
억겁을 다하여도 끝이 없을 걸
알면서도 해내겠다 나선 님의 길
가시밭길 험난해도 일관하신 그 자비에
구류중생 깨달아서 정토 이루리, 정토 이루리

3. 사계절의 풍광인들 비유되겠니
가릉빈가 음률인들 비교되겠니
뜻과 같이 자유자재 베풀어놓고
한없이 즐기시련만
낙원의 모든 즐김 떨쳐버리고
삼악도를 낙원으로 이뤄놓겠다
촌각 아낀 그 열정에 모두 모두 감화되어
이 땅 위에 님의 소원 이뤄지리라, 이뤄지리라

불보살의 마음

1. 자비, 그 자비는 눈물이었네
불나방이 불을 쫓듯 가는 이
그래도 못 잊어서 버리지 못해
저리는 저리는 가슴, 그 가슴 안고서
눈물, 피눈물로 저리 부르네

2. 자비, 그 자비는 눈물이었네
제 살 길을 저버리는 이들을
그래도 못 잊어서 버리지 못해
저리는 저리는 가슴, 그 가슴 안고서
눈물, 피눈물로 저리 부르네

나의 노래

1. 노세 노세 봄놀이하세
대천세계 이 봄 경치
한산 습득 친구삼아
호연지기 즐겨볼까
얼씨구나 절씨구
아니나 즐기고 무엇하리

2. 노세 노세 봄놀이하세
걸음 쫓아 이른 곳곳
문수보현 벗을 삼아
화엄광장 춤춰볼까
얼씨구나 절씨구
아니나 즐기고 무엇하리

잘 사는 게 불법일세

1. 잘 사는 게 불법일세
우리 모두 관음보살 지장보살 생활 속에
모시면서
마음 비운 나날들로 바른 삶을 하노라면
불보살님 가피 속에 뜻 이뤄서 꽃을 피운
그런 날이 있을 걸세

2. 잘 사는 게 불법일세
우리 모두 관음보살 지장보살 생활 속에
모시면서
마음 비워 살아가며 시시때때 잊지 않고
참나 찾아 참구하는 그 정성도 함께하면
좋은 소식 있을 걸세

3. 잘 사는 게 불법일세
우리 모두 관음보살 지장보살 생활 속에
모시면서
틈틈으로 회광반조 사색으로 참나 깨쳐
화장세계 장엄하고 얼쉬얼쉬 어울리며
영원토록 웃고 사세

선 승

토함산 소나무 위에 달빛도 조는데
단잠을 잊은 채 장승처럼 앉아있는
깊은 밤 선승의 그윽한 눈빛
고요마저 서지 못한 선정이라
대천도 흔적 없고 허공계도 머물 수 없는
수정 같은 광명이여, 화엄의 세계로세

우리 모두

우리 모두 만난 인생 즐겁게 살자
부딪치는 세상만사 웃으며 하자
인연으로 어우러진 세상사이니
풀어가는 삶이어야 하지 않겠니

몸종 노릇 하는 사이 맘 챙겨 살자
맑고 맑은 가을 허공 그렇게 비워
명상으로 정신세계 사무쳐보자
언젠가는 깨쳐 웃는 그날이 오리

한산 습득 껄껄 웃는 그러한 웃음
웃어가며 모든 일을 대하는 날로
활짝 펼쳐 어우러진 그러한 삶을
우리 모두 발원하며 즐겁게 살자

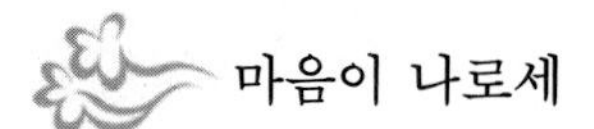

마음이 나로세

본래 마음이 나이건만
몸이 내가 된 삶이 되어
갖은 고통이 따랐다네

맘이 내가 된 삶으로서
갖은 고통이 없는 삶을
우리 누리고 살아보세

이리 쉽고도 쉬운 일을
어찌 등 돌린 삶으로서
고통 속에서 헤매는고

마음 수행을 모두 하여
나고 죽음이 없음으로
태평 세월을 누려보세

거룩한 만남

불법을 만난 건 행운 중 행운이고 내 생의 정점일세
거룩한 이 법을 만나는 사람이면 서로가 권하고 권을 하여
함께 하는 일상의 수행이 되어서 다 같이 누리는 낙원 이뤄
고통과 생사는 오간 데 없고 웃음과 평온만 넘치고 넘쳐
길이길이 끝이 없는 복락 누리세

여래의 큰 은혜 순간인들 잊으랴 수행해 크게 깨쳐
구제를 다함만 큰 은혜 갚음이니 노력과 실천 다해
우리 모두 씩씩한 낙원의 역군이 되어 봉화적인 이생의 삶으로써
최선을 다하여 부끄럼 없는 대장부로, 은혜 갚는 장부로
길이길이 끝이 없는 복락 누리세

사람다운 삶

1. 사람이 사람다운 사람이 되려면
명상으로 비우고 비워서
고요의 극치에 이르러
자신을 발견한 슬기로써
마음을 다스리는 연마 후에
그 능력으로 모두가 살아가야
평화로운 세상이 활짝 열려
모두 함께 누릴 걸세

2. 서로가 다툼 없이 서로를 아껴서
마음으로 베풀고 베푸는
사회로 이루어 간다면
낙원이 멀리만 있는 것이 아니라
살고 있는 이대로가 낙원이란 걸
모두가 실감하는
우리들의 세상이 활짝 열려
모두 함께 누릴 걸세

즐거운 마음

1. 우리 모두 선택받은 제자 되어
즐거운 맘 하나 되어 축하합니다
그 무엇을 이룬들 이리 좋으며
황금보석 선물인들 이만하리까
부처님의 가르침만 따르오리다
실천하리라 실천하리라

2. 부처님의 뒤 이을 걸 맹세하며
다짐으로 즐기는 맘 가득합니다
당당하게 행보하는 구세의 역군
혼신 다해 낙원 이룬 이 세계에서
함께 사는 즐거움을 생각하며
노래합니다 노래합니다

사는 목적

우리 모두 행복을 찾아 영원을 찾아
내면 향해 비춰보는 명상으로
앉으나 서나 일을 하나 최선을 다하세
하루의 해가 서산을 붉게 물들이고
합장 기도하여 또 다짐과 맹서의 말
뜻 이루어 이 세상의 빛이 돼서
구류를 생사 고해에서 구제하는 사람으로
영원히 영원히 살 것입니다

바른 삶 1

우리 삶을 두고서 허무하다 누가 말했나
본래 마음이 나 아닌가
그 마음 나를 삼아 살면 되지
지금도 늦지 않네 우리 모두
오늘부터 모두들 마음으로 나를 삼아
길이길이 웃고들 사세

바른 삶 2

1. 어디어디 어디라 해도
마음 찾아 바로만 살면
그곳 바로 극락이라네
세상분들 귀담아듣고
사람 몸을 가졌을 때에
모든 고비 극복해내서
참선으로 참나를 깨쳐
걸림 없는 해탈의 세상
누려보세 누려들 보세

2. 어두운 곳 태양이 뜨듯
중생계에 불타 출현해
바른 삶으로 인도하셔
복된 날을 기약케 하니
아니아니 좋고 좋은가
이 몸 주인 통쾌히 깨쳐
억겁 업을 말끔히 씻고
걸림 없는 해탈의 세상
누려보세 누려들 보세

닮으렵니다

관세음보살 관세음보살
지극한 마음으로 닮으려고
오늘도 노력하며 주어진 일을 하면
하루가 훌쩍 가는 줄도 모른다오
관세음 관세음보살
님께서 베푸는 그 넓은 사랑을
이 맘 속에 기르고 길러서
실천하는 그런 장부 되어서
큰 은혜 갚을 겁니다

수행과 깨침

1. 그릴 수도 없는 마음, 만질 수도 없는 마음
찾으려는 수행이라 모든 것을 다 버리고
모든 생각 비우기를 몇천 번이었던가
머리 터져 피 흘려도 멈출 수가 없는 공부
이 공부가 아니던가

2. 놓지 못해 우두커니 장승처럼 뭐꼬 하고 앉았는데
앞뒤 없어 몸마저도 공해버린 여기에서 이러-한 채
시간 간 줄 모른 채로 눈을 감고 얼마간을 지나던 중
한 때 홀연 큰 웃음에 화장계일세

걱정 말라

1. 걱정 말라 걱정을 말라 불보살님 말씀대로만 행한다면
안 풀리는 일 없다 하지 않았던가
육근으로 보시를 하며 웃고 살자 웃고들 살자
백년 미만 우리네 인생, 세상 만사 마음먹기 달렸다고
일러주시지 않았던가 걱정을 말라

2. 이리 봐도 저리를 봐도 모두모두 내 살림일세
간섭할 수 없는 내 살림 아니아니 그러한가
이리 펼치고 저리 펼쳐 육문으로 지은 복덕
베푸는 맛이 아니 좋은가 우리 사는 지구인 별 함께
가꿔
낙원으로 만들어서 살아들 보세

정한 일일세

우리네 삶이란 것
풀끝 이슬 아니던가
서로서로 위로하고 아끼면서
우리 모두 착한 삶이
이어져 가노라면
언젠가는 행복한
그날이 우리에게
찾아오는 것 정한 일일세
찾아오는 것 정한 일일세

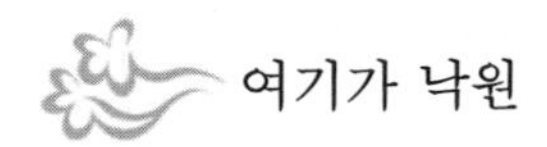

여기가 낙원

참나 찾아 영원을 향해
한눈 안 팔고 노력하고
가정 위해 사회를 위해
뛰고 뛰고 혼신을 다한
나의 노력 결실이 되어
일상에서 누리는 나날
선 자리가 낙원이 되니
초목들도 어깨 춤추고
산새들도 축하를 하네

따르렵니다

1. 우리 모두 합장 공경 하옵니다
크고 작은 근심 걱정 씻어주려
우릴 찾아 오셨으니 감사합니다 고맙습니다

2. 우리 모두 손에 손을 맞잡고서
즐거웁게 노래하고 춤을 추며
우리에게 오신 님을 경하합니다 축하합니다

3. 우리들의 깊은 잠을 깨워주셔
영생불멸 낙원의 삶 누리게끔
해주시려 오신 님을 공경합니다 따르렵니다

지장보살

지장보살 두 눈의 흐르는 눈물
마르실 날 언제일까 생각하고 또 생각해도
이 세상의 사람들이 멀어지게만 하고 있네요
보살님 어찌해야 하오리까
반야의 실천으로 최선 다해 돕는다면
안 되는 일 있으리까
대원본존 지장보살 나무 지장보살
얼씨구나 절씨구나 한 판 놀음 덩실덩실 살아들 보세

나는 바보

나는 바보다 나는 바보야
역지사지 알다보니 바보가 되었네
그렇지만 내 주위는 언제나 웃음이 있고
나눔이 있어 행복하다네
나는 나는 그런 바보야
나는 나는 그런 바보야

옛 고향

고향 옛 고향이 그리워 거니는 산책에
고요한 달빛 휘영청 밝고 밤새는
그 무슨 생각에 저리 부르는 노래인데
숲 타고 온 석종소리에 열리는 옛 내 고향
그리도 캄캄하던 생각들은 흔적도 없고
고요한 마음 옛 고향 털끝만큼도
가리운 것이란 없었는데
어찌해 그 무엇에 어두웠던고 고향길 옛 내 고향
나는 따르리라 끝없는 일이라 하여도
님 하신 구제 고난과 역경
그 어떤 어려움 닥쳐도
님 하시는 일이라면 멈추는 일 없을 것일세
이것만이 보은이라네 보은이라네

곰탱이

곰탱이 곰탱이 미련 곰탱이
세상 사람 요구 따라 다 들어준
사람더러 곰탱이라네
요구 따라 따지지 않고
들어주기 바쁜 이를 놀려대며 하는 말
곰탱이 곰탱이 미련 곰탱아
그리 살다간 끝내는 빌어먹을 쪽박마저
없겠구나 미련 곰탱아
그래도 덩실덩실 추는 춤을
보며 깔깔 웃는 사람들아
웃는 자신 모르니 서글퍼 내 하는 말
한 판의 꿈속이라 천금만금 쓸데없네
깔깔 웃는 그 실체를 자신 삼아 사는 삶이 되길
바라고 바라는 곰탱이 춤이로세

미련 곰탱이

나는 나를 모르는 곰탱이 곰탱이 미련 곰탱이
나라는 나를 보고 듣는 그거라고 보여주듯 일러줌에
동문서답 일관하는 곰탱이 곰탱이 미련 곰탱이
그러므로 성현들의 천하태평 무릉도원 못 누리고
고생고생 살아가는 곰탱이 곰탱이 미련 곰탱이
그런 삶을 면하려면 나라는 나를 깨달아라
자상하게 이끈 말씀 이행 못한 곰탱이 곰탱이 미련 곰탱이
귀천 없이 이끌어서 선 자리가 안양낙원 되게 하신
말씀을 이행 못한 곰탱이 곰탱이 미련 곰탱이
궁전 낙을 저버리시고 고행 수도 다하셔서
나란 나를 깨침으로 영생의 낙원으로 이끄셨네
이 기회를 놓친다면 다시 만나기 어려웁고 어려우니
칠야삼경 봉화 같은 그 지혜의 광명 받아
각자 것이 되게 하란 그 말씀을
실행 못한 곰탱이 곰탱이 미련 곰탱이
그 지혜의 이끔 받아 각자 경지 이러-히 되는 날엔
백사 만사 무엇이든 뜻대로 이뤄진다 권한 말씀
실행 못한 곰탱이 곰탱이 미련 곰탱이
눈앞의 그 작은 것 쫓다가 영원한 삶의 낙 놓치지 않으려면
나란 나를 꼭 깨달으란 귀한 말씀
실행 못한 곰탱이 곰탱이 미련 곰탱이
금구 성언 귀담아듣지 않고 흘려듣다간
백 년도 못 채운 후회막심 삶 되리니
새겨듣고 새겨들어 실천하란 그 말씀
실행 못한 곰탱이 곰탱이 미련 곰탱이
실천하여 깨닫고 박장대소 하는 날엔
삼세 성현 모두모두와 곰탱이 곰탱이가
누리 안은 광명 놓네 누리 안은 광명 놓아 삼창을 할 거라네

부처님의 말씀

부처님 말씀은 하나하나 자비더라
그러기에 불자들은 온화하고 선하더라
부처님 가르치는 이치는 흐르는 물이고
서늘한 산바람이며 봄꽃 향기요
심금을 울리는 연주요 노래요
포근한 어머니의 사랑이더라
바다처럼 넓고 넓은 자비의 품이더라
포근하고 온화한 그 가르침 하나하나
이치에 어긋남이 없으신 진실이더라
모두모두 다 함께 우리 모두 닮자구요
모두모두 다 함께 우리 모두 닮자구요
모두모두 다 함께 우리 모두 닮자구요
어쩌다 어쩌다 이런 가르침을 만났는지
이 다행 이 요행 헛되이 하지 않아
이 생에 깨달아서 이 크고 큰 은혜
갚는 일에 소홀하지 않으리라
감사합니다 감사합니다 우리 부처님
당신의 후예들마저도 유일하게
전쟁 같은 일들은 일으키지 않습니다
사랑하라 하면서 용서하라 하면서
사람이 사람을 죽이는 일
파리 목숨 취급하듯 하는 일이
있어서야 되겠습니까
혹시라도 이런 일이 종교에 있어서는
절대로 안 되는 일이라 믿습니다
관세음보살 나무아미타불
우리 모두 서로가 서로를 아끼고
사랑합시다 사랑합시다 사랑합시다

즐겁게 살자

나를 찾아 행복을 찾아
내면 향한 명상으로 비춰보며
오늘도 최선을 다한 하루해가 져가네
노을빛 곱게 물이 들고 내 꿈도 이뤄져간다
생각만 하여도 보람찬 미소를 짓는다
세상만사 별것이더냐
서로서로 도와가며 살면서
틈틈이 내면 향한 명상으로
몸 건강 마음 건강 챙기며 사노라면
참나 깨친 박장대소도 짓고
세상 고별 마음대로 하는 날도 있을 걸세
그런 날을 기대하며 일하고 명상하며
하루하루 즐겁게 살자

행복이란

즐거웁게 즐겁게
살아가면 좋잖아
한 번뿐인 인생인데
모두 활짝 웃어요
신이 나게 웃어요
행복이란 돈과 직위에
있는 것 아니라네
행복이란 그 어떤 마음으로
사느냐에 있다네
다 같이 다 같이 웃어들 봐요
그 웃음 타고 행복이 오네
짧은 인생살이 이렇게
만들어가며 살아들 보세

두고두고 할 일

아미타불 사유를 깊이깊이 하여서
하늘땅 생긴 이래 오늘에 이르도록
크나큰 은산철벽 너머 일처럼
까마득히 모르던 나를 깨달았으나
모양 빛깔 없어서 쥐어줄 수도
보여줄 수도 없는 일이라서
입은 옷 뒤집어 보이듯 못하니 한이구나
그러나 보고 듣고 하는 바로 그것이니
마음눈을 활짝 열어 듣는 그곳 향해 살펴봐요, 살펴봐
하늘땅이 간 곳 없고 자신까지 사라진 데서
듣고 아는 그것 내가 아니던가
깊이깊이 참구해서 참나 찾아 결정신을 내리게나
다생겁의 윤회 중에 몸종 노릇 허사란 걸 경험하지 않았던가
그 깨달음에 비추어 세상 일에 응해가며
보림수행하는 일에 방심하지 않아서
구경각을 성취 후에 모든 류를 구제해서
큰 불은 갚음만이 두고두고 할 일일세, 두고두고 할 일일세

화엄의 세계

1. 각자 마음 깨닫고 봐요
누리 그 모두가 장엄이네 장엄, 빛의 장엄
어느 하나 마음의 장엄 아닌 게 없네, 없어
다함 없고 끝이 없는 보고 듣는 마음 하나 바로 쓰면
이대로가 무릉도원 화엄의 세계로세

2. 보고 듣고 느끼고 생각하는
그 모든 것 장엄이네 장엄, 빛의 장엄
어느 하나 빛의 장엄 아닌 게 없네, 없어
다함 없고 끝이 없는 보고 듣는 마음 하나 바로 쓰면
이대로가 화장세계 장엄의 세계로세

마음이 내가 된 삶

듣는 나를 내가 보니
바탕 없는 그 몸에

갖은 묘용 지녀 있어
오고 감은 물론이요

일체 모두 지어내고
그걸 또한 응용하여

자유자재 그 능력
못하는 것 하나 없네

(아리랑후렴)

온 누리에 펼쳐놓고
어울려 누려사세

이리 좋은 자기능력
전혀 몰라 헤매이는

세상 사람 갖은 고통
몸종 노릇 결과이니

마음 나된 삶으로써
억겁 굴레 벗어나서

마음 지닌 능력회복
한시 빨리 이루어서

영원한 본래 삶을
같이 누려 살아 가세

(아리랑후렴)

함께 이뤄 누립시다
함께 이뤄 누립시다

어화둥둥 좋고 좋아
얼씨구나 좋고 좋다

마음이 내가 된 삶
이렇게도 상상밖에

달라질 수 있을까-
너무나도 달라져서

내 자신이 놀라웁고
놀라워서 말못하네

이런 나를 모르는 채
이 생까지 살았구려

온 누리를 선 자리서
볼 수 있는 능력이여

과거일을 알 수 있고
미래일을 예감하는

지혜능력 갖춰있어
실수란 것 없는 삶-

꿈 세계도 창조하는
모두 지닌 능력이니

뜻 있으면 가능하니
이 아니 전능한가

전능으로 베풀어서
모두 함께 즐겨가며

후세들을 깨우는 낙
함께 하는 삶이니

이 아니들 좀 더 좋고
얼씨구나 좋고 좋다

이 능력과 이 힘이면
온 세상을 바꿔 놓는

그 어떠한 일이라도
어려울게 뭐 있으리

뜻있으면 길이 있고
길있으면 하면 되는

이리 좋은 그 방법이
맘이 나된 그거로세

이리 좋은 길을 두고
안할 사람 뉘 있으리

이 일만이 길이길이
행복 누릴 길이로세

(아리랑후렴)

누리 정원 넓은 정원
펼쳐 놓고 모두 함께

손에 손을 서로잡고
함께 누린 삶으로써

일상이 된 이런 삶이
맘이 나 된 결과로세

이런 일을 아니하고
그 무엇을 할것인가

모두 모두 맘이 나된
이 일 실천 꼭 하여서

태평세월 함께 누린
그런 삶을 누려보세

얼씨구나 좀 더 좋고
절씨구나 좋고 좋다

(아리랑후렴)

내 마음 내가 된 삶

내 마음 내가 된 삶
모두들 살아봐요

신기하고 신기하다
신기하고 신기해
(세번 반복)

내 마음 내가 되니
영원한 삶이로세

신기하고 신기하다
신기하고 신기해
(세번 반복)

내 마음 내가 되니
안되는 일 없구나

신기하고 신기하다
신기하고 신기해
(세번 반복)

(아리랑 후렴)

꿈 세계도 창조한데
무엇인들 안될건가

신기하고 신기하다
신기하고 신기해
(세번 반복)

원근거리 상관없이
동시에 이르르니

신기하고 신기하다
신기하고 신기해
(세번 반복)

산하석벽 걸림 없이
자유로이 오고가니

신기하고 신기하다
신기하고 신기해
(세번 반복)

(아리랑 후렴)

상대방의 마음도
읽어낼 수 있으니
그 아니 신기한가

신기하고 신기하다
신기하고 신기해
(세번 반복)

과거 현재 미래 일을
앞 일처럼 아는 능력

신기하고 신기하다
신기하고 신기해
(세번 반복)

내 마음 내가 되면
이런 자유 누려사니
그 아니 신기한가

신기하고 신기하다
신기하고 신기해
(세번 반복)

온 누리의 모든 사람
이 행복을 같이 누려
살아들 봅시다

신기하고 신기하다
신기하고 신기해
(세번 반복)

아리랑 아리랑 아라리요
아리랑 고개로 넘어간다

그 말씀

1. 님들의 고구정녕 그 말씀 맘에 새기세
그러면 오는 날엔 행복을 누리며
이웃들을 도우며 살리
개미처럼 개미처럼 개미처럼
개미처럼 개미처럼 개미처럼
개미처럼 개미처럼 개미처럼
이것저것 논하려 하지 말고 서로가
서로를 도와 세상을 이끄는 데 노력하면
이 세상의 그 어떠한 일일지라도
못 이룰 일 없을 것일세
꿀벌처럼 꿀벌처럼 꿀벌처럼
꿀벌처럼 꿀벌처럼 꿀벌처럼
꿀벌처럼 꿀벌처럼 꿀벌처럼

2. 님들의 가르침을 실행한 덕으로써
마음에 갖추어진 갖가지 능력을
부려 써서 누리는 삶을
나비처럼 나비처럼 나비처럼
나비처럼 나비처럼 나비처럼
나비처럼 나비처럼 나비처럼
더불어서 함께하는 별유천지 눈앞이 아니던가
이 모든 것이 참고 참아 극복해 이겨냈던
그 공덕의 결실이로세 그 공덕의 결실이로세
운학처럼 운학처럼 운학처럼
운학처럼 운학처럼 운학처럼
운학처럼 운학처럼 운학처럼

웃고 살자

1. 아하하하 우습다 아하하하 우스워
제 그림자 모르고 저라 하는 사람 보고 아니 웃고 울랴
아하하하 우습다 아하하하 우스워
다섯 도적 종노릇에 헌신하는 사람 보고 아니 웃고 울랴
아하하하 우습다 아하하하 우스워
저승세계 코앞인데 대비 없는 사람 보고 아니 웃고 울랴
아하하하 우습다 아하하하 우스워
참나 찾지 아니하고 허송하는 사람 보고 아니 웃고 울랴
아하하하 우습다 아하하하 우스워 (3번 이상)
아리랑 아리랑 아라리요
아리랑 고개를 넘어간다
나를 버리고 가시는 님은
십 리도 못 가서 되돌아온다

2. 즐겁고도 즐겁다 즐겁고도 즐거워
좋은 인연 있었던가 거룩한 이 만나서 참나 찾은 이 행운이
즐겁고도 즐겁다 즐겁고도 즐거워
이 행운을 나 혼자서 누리기에 아쉬워 인도하려 나섰는데
아리랑 아리랑 아라리요 아리랑 아리랑 아라리가 났네
즐겁고도 즐겁다 즐겁고도 즐거워
영원한 나 찾음으로 한순간에 성취한 낙원의 삶 권하나니
즐겁고도 즐겁다 즐겁고도 즐거워
우리 모두 다 함께 얼싸안고 누리는 그런 세상 노력하세
즐겁고도 즐겁다 즐겁고도 즐거워 (3번 이상)
아리랑 아리랑 아라리요
아리랑 고개를 넘어간다
청천 하늘엔 잔별도 많고
이내 가슴엔 희망도 많다

서로서로 나누면서

버들 푸르고 꽃 만발하고 나비 춤이더니
녹음이 우거지고 매미들의 노래 가득한 천지
울긋불긋 고운 단풍 어제인 듯한데 눈이 오네
우리 모두의 삶 저러하고 저렇지 않던가
보기도 아까웁고 소중한 형제 자매들이니
서로서로 나누면서 짧은 우리네 삶을 즐기세사람 사는 이치

사람 사는 이치

이 세상 사람들 사는 것
농부들 농사를 짓는 것과
조금도 다를 바 없는 이치이니
여러분 귀 기울여 들어보시오
얼씨구나 좋네 지화자 좋네 아니아니 그러한가

봄이 되면 깊이깊이 간직해 둔 씨곡식을
꺼내다 땅을 파고 다듬어서 골을 파고 뿌린 후에
오뉴월 찜더위에 구슬땀을 흘리면서
김을 매어 가꾸는 것은 엄동설한 추운 날에
사랑하는 부모님과 아내 자식들 모두
잘 지내게 하려는 깊은 뜻에서라네
얼씨구나 좋네 지화자 좋네 아니아니 그러한가

어떤 이가 말을 하기를 늘 현재만을 즐겁게 살자
강변함을 보았는데 좋은 말이기는 하지만
그 말은 자칫하면 희망이 없는 잘못된 말이라네
그러므로 내일을 위하여 오늘의 어려움을 즐기면서
밝게밝게 살아갑시다
얼씨구나 좋네 지화자 좋네 아니아니 그러한가

불법 공부

1. 이 세상 사는 분들게
권하오니 나를 찾는
이뭐꼬 화두 공부를
곰곰이 챙기고 챙겨
쉬지 않고 하다보면
하늘땅도 흔적 없이
사라지고 몸 없는 내가
환한 웃음 짓는 날이
있을테니 결정신을
내리어서 우리 함께
길이길이 누립시다

2. 불법 만난 이 다행을
그 무엇과 비교하랴
이 다행을 만났을 때
최선 다한 실행으로
금생에서 크게 깨쳐
불보살님 칭찬 받는
오후보림 필히 마쳐
중생 다한 그때까지
님의 은혜 갚을 것을
굳은 의지 맹서로써
다짐하고 다짐하세

3. 때가 없고 장소 없이
뜻을 따라 이뤄지는
이리 좋은 세상살이
본래부터 갖춰짐을
누리는 삶 우리 모두
일심동체 그리 되어
이 생 저 생 할 것 없이
얼씨구나 절씨구나
노래하고 춤도 추며
천생만생 누립시다
길이길이 누립시다

좋구나

좋구나
이곳이 어때서
낙원에 장소가 있나요

마음이 착하면
선 곳이 무릉도원
이런 삶이 참 삶이라네

미소를 지으며
손에 손을 잡고서
태평가를 모두들 불러요

우리들 이렇게 서로 만나 사는 것
백겁천생 인연이라네

세월아 맞춰라
내 즐기고 즐기며
함께하는 이들에게 위로를 하려네

나는 바보

나는 바보다 나는 바보야
역지사지 알다보니 바보가 되었네
그렇지만 내 주위는 언제나 웃음이 있고
나눔이 있어 행복하다네
나는 나는 그런 바보야
나는 나는 그런 바보야

영원한 행복 찾기

1. 사람 사람마다
지닌 그 마음이
내가 된 삶으로
살아 가노라면
자연 알게 되네
마음 먹은대로
하고 싶은대로
척척 이뤄지고
꿈을 창조하던
능력 부린 날도
멀지 않으리니
노력 실천 다해
영원한 삶으로
영원한 행복을
함께 누려보세
함께 누려보세

2. 사람 사람마다
맘을 깨달아서
맘이 내가 되면
평등 그 자체라
자연인이 되어
서로 어울려서
나눈 인간미들
행복 그 자체며
오간 말들마다
온화한 체취에
차별없는 베풂
풍족한 맘이고
가족같은 일상
낙원의 이 삶을
함께 누려보세
함께 누려보세

불법

불법은 내게 있어
첫째도 둘째에도
내 삶의 이유이고
내 삶의 온통이며
마음의 광채이고
마음의 자비이며
자비의 실천이고
자비의 일상이며
희망의 꽃밭이고
희망의 피안이며
서원의 동력이고
서원의 자산이며
모두의 태평이고
모두의 영원일세

금강의 노래 1

일 없는 경지인 부처님, 중생 위해
한순간도 쉼 없이 일심전력 쏟으시네.

사위국 기수급고독원서 1250명의 비구들과 계실 때 세존께서 공양 때가 되자 가사 입고 발우 들고 사위성에 들어 차례차례 비신 후에 본 곳에 오셔 드시고 가사 발우 거둔 다음 발 씻고 자리 펴 앉으셨네.
이때 장로 수보리 대중 가운데 있다가 자리에서 일어나 오체투지로 앉아 공경히 합장하고 부처님께 여쭙기를
"희유합니다. 세존이시여. 모든 수행하는 보살들에게 잘 생각하여 지키게 하시고 잘 부촉하셨습니다. 그러나 세존이시여 아뇩다라삼먁삼보리 마음을 내어 어떻게 머무르며 어떻게 그 마음을 항복시켜야 합니까?"
"착하고도 착하구나. 수보리야. 네가 말한 대로 여래는 모든 보살들이 잘 생각하여 지키게 하였고 모든 보살들에게 잘 부촉하였다. 그러나 제삼 청하니 너희들은 자세히 듣거라. 그대들을 위해 일러주리라.
선남자 선여인들이여, 아뇩다라삼먁삼보리 마음을 내어 마땅히 이러-히 머물고 이러-히 그 마음을 항복시켜야 하니라."

금구성언 말씀대로 실천 다해
내 기어이 성취하여 구류 구제
최선 다해 큰 은혜를 보답하리

"그러하오나 세존이시여, 정말 그렇습니다만 바라옵건대 보다 더 자세히 듣고자 하나이다."
부처님께서 수보리에게 말씀하시기를
"모든 보살마하살은 마땅히 이러-히 그 마음을 항복시켜야 하니라. 내가 모든 중생들인 아홉 가지 무리들을 모두 남김없이 열반에 들게 하여 이러-히 한량없고 수없고 끝없는 중생을 멸도해서는 진실로 멸도 얻은 중생이 없어야 하니라.
왜냐하면 수보리야 만일 보살이 아상, 인상, 중생상, 수자상이 있다면 곧 보살이라 할 수 없기 때문이다.
수보리야, 보살은 마땅히 법에도 머무름 없이 보시를 해야 하는 것이니 색에 머무름 없이 보시를 해야 하며, 소리나 향기나 맛이나 촉감이나 법에도 머무름 없이 보시를 해야 하니라.
수보리야, 마땅히 보살은 이러-히 보시를 하여 모든 상에 머무름이 없어야 하는 것이니, 만약 보살이 상에 머무름 없이 보시를 하면 그로 인한 복덕은 생각으로 헤아릴 수 없느니라. 왜냐하면 끝없는 미래에 누리기 때문이니라.
그대는 어떻게 생각하느냐? 몸과 모양으로 여래를 볼 수 있겠느냐, 없겠느냐?"
"볼 수 없습니다. 세존이시여. 몸과 모양으로는 여래를 볼 수 없습니다. 왜냐하면 여래께서 말씀하신 몸과 모양은 곧 몸과 모양이 아니기 때문입니다."

"수보리야, 무릇 있는 바 상이 모두 허망하다고들 하나 만약 모든 상이 상 아님을 보면 바로 여래를 본 것이니라."

금구성언 말씀대로 실천 다해
내 기어이 성취하여 구류 구제
최선 다해 큰 은혜를 보답하리

수보리가 부처님께 여쭈었다.
"이상과 같은 말씀을 듣고 참답게 믿음을 낼 중생이 있겠습니까?"
"수보리야, 그런 말을 말라. 내가 열반한 뒤 오백 세가 지난 후라도 계행을 갖추고 복을 닦는 사람이 있어서 이 글귀에 능히 믿는 마음을 내어 이로써 참다움을 삼을 것이니라.
마땅히 알라. 이 사람은 한 부처님, 두 부처님, 세 부처님, 네 부처님, 다섯 부처님에게만 선근을 심은 것이 아니라 이미 한량없는 천만 부처님 처소에서 선근을 심었기에 이 글귀를 듣고 지극한 한 생각에 깨끗한 믿음을 내니라."

금강반야바라밀
금강반야바라밀
금강반야바라밀

금구성언 말씀대로 실천 다해
내 기어이 성취하여 구류 구제
최선 다해 큰 은혜를 보답하리

금강의 노래 2

일 없는 경지인 부처님, 중생 위해
한순간도 쉼 없이 일심전력 쏟으시네.

수보리가 부처님께 여쭈었다.
"세존이시여, 부처님께서 아뇩다라삼먁삼보리를 얻으셨다 하나 얻은 바 없습니다."
"그렇고 그렇다 수보리야. 나에게는 아뇩다라삼먁삼보리나 그 어떤 조그마한 법도 얻음이 없으니 이를 이름하여 아뇩다라삼먁삼보리라 하니라.
수보리야 이 법은 평등하여 높고 낮음이 없기에 이를 이름하여 아뇩다라삼먁삼보리라 하니라. 아도 없고, 인도 없고, 중생도 없고, 수자도 없이 모든 선법을 닦아야 곧 아뇩다라삼먁삼보리를 얻느니라.

금구성언 말씀대로 실천 다해
내 기어이 성취하여 구류 구제
최선 다해 큰 은혜를 보답하리

수보리야 선법이라고 말한 것도 여래가 곧 선법도 아닌 이것을 이름하여 선법이라 할 뿐이니라.
수보리야 만일 어떤 사람이 삼천대천세계 가운데 있는 모든 수미산왕만 한 일곱 가지 보배 무더기로 보시한다 해도 이 반야바라밀경의 네 글귀 게송만이라도 받아 지녀 읽고 외워서 다른 사람을 위하여 설하여 주는 이가 있다면 앞에서 일곱 가지 보배로 보시한 복덕으로는 백천만억의 일에도 미칠 수 없느니라.
왜냐하면 그 복덕은 끝없는 미래에 누리기 때문이니라.

다른 사람을 위하여 어떻게 말하여 주겠느냐?
취할 상이란 것도 없으니 이러-하고 이러-해서 움직임이 없도록 하라.
왜냐하면 모든 함이 있는 법은 꿈 같고, 허깨비 같고, 물거품 같고, 그림자 같으며, 이슬 같고, 번개 같아서 마땅히 이러-히 보아야 하기 때문이니라.

금구성언 말씀대로 실천 다해
내 기어이 성취하여 구류 구제
최선 다해 큰 은혜를 보답하리

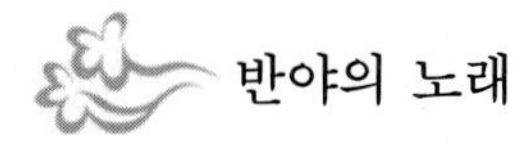

반야의 노래

일 없는 경지인 부처님, 중생 위해
한순간도 쉼 없이 일심전력 쏟으시네

내면 향해 비춰보는 지혜로써 이 몸 공함 바로 보아
나고 죽는 모든 괴로움 벗어나신 관자재의 말씀 들어보오

색이라 하나 공과 다르지 아니하고
공이라 하나 색과 다르지 아니하여
색 그대로 공이고, 공 그대로 색이며
받는 것, 생각하는 것, 행하는 것, 분별도 그렇다네

모든 법의 상도 또한 공했나니
나고 죽음 본래 없고 더럽지도 깨끗지도 아니하며
늘지도 줄지도 않는다네

금구 성언 옳은 말씀
수행이란 힘이 들어도
고비 넘겨 이뤄만 봐요
더 없는 행복을 이루네

공 가운데 색 없어서, 받는 것, 생각하는 것, 행하는 것, 분별도 없고
눈과 귀와 코와 혀, 몸과 뜻도 없고
빛과 소리, 향기와 맛, 닿는 것과 법도 없어
눈으로 볼 경계 없어 뜻으로 분별할 경계도 없고
무명 없고 무명 다함 또한 없다시네
그러므로 늙고 죽음 없고, 늙고 죽음 다한 것도 본래 없어
고와 집과 멸과 도도 없다 하고
지혜도 없고 또한 얻음마저 없으니, 얻을 바 없는 까닭이라네

금구 성언 옳은 말씀
이 경지가 힘이 들어도
굽이 넘겨 이뤄만 봐요
영원한 행복을 이루네

보살님들 반야바라밀다를 의지하는 까닭으로 마음에 걸림 전혀 없고
걸림 없는 까닭으로 두려움이 전혀 없어
엎어지고 거꾸러진 꿈결 같은 생각들이
전혀 없어 마침내 열반이라네

삼세 모든 부처님도 지혜로써 저 언덕에 이르름을 의지한 고로
무상정변정각 이뤘나니 그러므로 알지어다
반야바라밀다는 이러-히 크게 신령한 주며 이러-히 크게 밝은 주며
이러-히 위없는 주며 이러-히 차별 없는 차별하는 주라
능히 모든 괴로움을 없앤다 함 진실이지 거짓 없네

아제 아제 바라아제 바라승아제 모지 사바하
아제 아제 바라아제 바라승아제 모지 사바하
아제 아제 바라아제 바라승아제 모지 사바하

금구 성언 옳은 말씀
이 경지를 최선을 다해
이룬다면 끝없는 삶에
영원한 행복을 이루네

치유의 노래

요즈음의 우울증과 가지가지 신경성 질환에 시달리는 사람들
세상에서 들리는 저 모든 소리들을
나의 내면에서 듣는 곳을 향해 비춰보오
쉬운 일은 아니지만 포기하지 않고
듣는 곳을 향해 보고 또 보는 것을
하루 이틀 한 달 두 달 지속하다 보면
어느 날 밖이 없는 고요를 체험하게 될 것일세
얼씨구나 좋네 지화자 좋네 아니아니 그러한가

그 고요를 지속하도록 노력하노라면
어느 날 대상 없는 미소와 동시에 편안함을 체험하게 될 것일세
밖이 없는 이 고요의 편안함을 즐기다 보면
어느 날 밖의 어느 인연을 맞아 그 실체인 자신을 발견할 것일세
이 실체를 발견한 뒤 세상을 살아가는 과정에서
어려운 일이 있으면 바로 그 실체에 비춰 보게
그 어려운 것들이 사라지고 밖이 없는 고요로운 실체의 자신이
대상 없는 미소를 짓게 될 것일세
얼씨구나 좋네 지화자 좋네 아니아니 그러한가

효

1. 아들 딸이 귀엽고 사랑스런 그 속에 우리들의 부모님
어려움에도 끝내 가르치고 기른 정 이제 읽으며
늦은 눈물로써 불초를 뉘우치며 맹세하고 다짐하는
아들 딸이 여기 있으니, 건강히 오래만 사시기를
손 모아 손을 모아 간절하게 바라고 또 바라는
기도를 하옵니다 부모님 입이 귀에 걸리시게 할 겁니다

2. 어렵고도 어려운 보릿고개 그 속에 우리들을 먹이고
가르치느라 정말 그 얼마나 고생이 되셨습니까
허리 두 끈들을 졸라맨 아픔으로 사셨죠
정말정말 오래도록 건강하게만 계셔주신다면
아들 딸을 낳으시고 길러주신 그 노고에 크게 보답할 겁니다
아버님 어머님의 입이 귀에 걸리시게 할 겁니다

내 말 좀 들어봐요

모두모두 내 말 좀 들어봐요
이 몸이 내가 아니라 이 마음이 나 아닌가
살아가는 생활 속에 명상을 하여
이 맘 찾아 나를 삼아 살아를 봐요
모든 속박 모든 괴롬 벗어나는 아주 좋은 일이니
이제라도 안 늦으니 명상으로 뜻 이루어
영원한 생명, 영원한 행복 우리 모두 누려들 보세
사막화를 막고 사막 경영 시대를 열자

사막화로 급속히 변해가는 이 지구를
방치해선 아니 되네 방치하면
지구가 생긴 이래 최악의 상태 됨은
불을 보듯 뻔한 일일세, 하지만

육십 억의 온 인류가 한 마음 한 뜻 되어
황무지는 돌나물로 푸른 초원 만들고
확장되는 사막화를 배수관의 바닷물로 막는다면
지구가 생긴 이래 가장 살기 좋은 시대를
인류는 맞을 걸세

아리랑 아리랑 아라리요
아리랑 고개를 넘어간다
청천 하늘엔 잔별도 많고
이내 가슴엔 희망도 많다

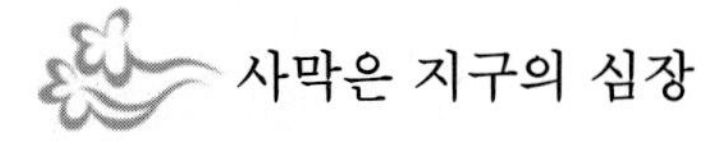

사막은 지구의 심장

21세기는 사막 경영 시대를 열어
연구에 노력을 다한다면
지상 낙원이 인류에게 달려와서 맞을 걸세

육십 억의 온 인류가 손에 손잡고 한 뜻 되어
사랑하는 마음으로 역경을 헤쳐 나가
사막화를 막아 황무지를 초원으로
살기 좋은 지구촌을 이뤄보세
살기 좋은 지구촌을 이뤄보세

아리랑 아리랑 아라리요
아리랑 고개를 넘어간다
청천 하늘엔 잔별도 많고
이내 가슴엔 희망도 많다

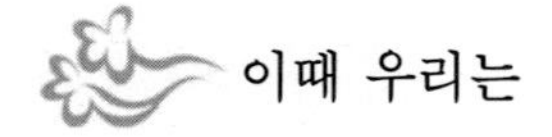

이때 우리는

1. 화산의 폭발로 해서 사람들과 모든 것이 용암펄로 화해버린
이 막막한 우리들을 올바르게 영원으로 끌어주실
성인 중의 성인이신 불보살님 나라에 가 나는 게 꿈이네

2. 태풍이 인가를 덮쳐 다정했던 이웃들은 간 곳 없고
어지러운 벌판 되어 처참하고 참담하기 그지없는 무상한
이 현실에 의지할 분, 생명 밝혀 영원케 한 부처님 뿐이네

3. 지진이 우리의 삶을 삼켜버려 초토화가 되어버린
허망하기 그지없는 우리들의 현실에선 사방천지 둘러봐도
의지해야 할 분은 자신 깨쳐 누리라 한 부처님 뿐이네

잘 사는 비결

참지 못한 결과는 어려움이 닥치고
참고 참는 결과는 좋은 일이 온다네
친구들아 모든 일 힘을 합쳐 맞으면
못 이룰 일 없지만
니 떡 너 먹고 내 떡 나 먹는 그런 마음 쓴다면
될 일도 아니 된다네
우리 서로 뜻을 합쳐 모두모두 잘 살아보세
이미 이룬 과학문명 선용을 해서 용맹심을 내어
모든 일에 임한다면 행복이 줄을 서서 올 걸세
아리랑 아리랑 아라리요
아리랑 고개를 넘어간다
청천 하늘엔 잔별도 많고
이내 가슴엔 희망도 많다

용서한 결과로는 웃는 날을 맞이하고
베푼 뒤엔 참 좋은 이웃들이 생기네
친구들아 서로들 힘을 합쳐 임하면
못할 일이 없지만
니 떡 너 먹고 내 떡 나 먹는 그런 마음 쓴다면
될 일도 아니 된다네
오늘부터 뜻을 합쳐 우리 한번 잘 살아보세
이미 이룬 과학문명 선용을 해서 용맹심을 내어
모든 일에 임한다면 행복이 줄을 서서 올 걸세
아리랑 아리랑 아라리요
아리랑 고개를 넘어간다
청천 하늘엔 잔별도 많고
이내 가슴엔 희망도 많다

만들자

1. 빌딩숲의 실외기 열
오고가는 차 배기가스
사람소리 기계소리를
원림 속의 새소리와
개울소리 미풍소리
그것으로 만들자 만들자 만들자

2. 이익 따져 주고받는
설왕설래 어지러움
높고 낮은 금속음들을
매미소리 물소리와
노래하는 환경으로
우리 함께 만들자 만들자 만들자

3. 하늘 맑고 별이 빛난
조용하고 시상 뜨는
그런 환경 거닐면서
손에 손을 마주 잡고
노래하는 세상으로
우리 함께 만들자 만들자 만들자

8. 바로보인 천부경

우리 민족 최고(最古)의 경전 천부경을 깨달음의 책으로 새롭게 바로 보였다. 이 책에는 81권의 화엄경을 81자에 함축한 듯한 천부경과, 교화경, 치화경의 내용이 함께 담겨 있으며, 역저자인 대원 선사가 도움말, 토끼뿔, 거북털 등으로 손쉽게 닦아 증득하는 문을 열어 놓고 있다.

432쪽. 15,000원

9. 바로보인 금강경

대원 선사의 『바로보인 금강경』은 국내 최초로 독창적인 과목을 내어 부처님과 수보리 존자의 대화 이면의 숨은 뜻을 드러내고, 자문과 시송으로 본문의 핵심을 꿰뚫어 밝혀, 금강경 전체를 손바닥 안의 겨자씨를 보듯 설파하고 있다.

488쪽. 15,000원

10. 세월을 북채로 세상을 북삼아

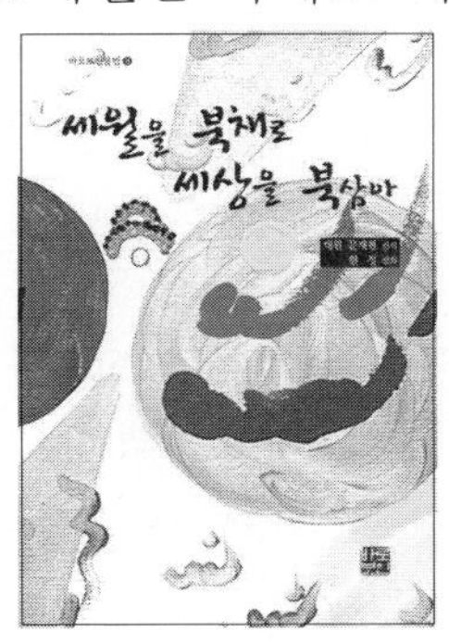

대원 선사의 선시가 담긴 선시화집 『세월을 북채로 세상을 북삼아』는 선과 시와 그림이 정상에서 만나 어우러진 한바탕이다.
선의 세계를 누리는 불가사의한 일상의 노래, 법열의 환희로 취한 어깨춤과 같은 선시가 생생하고 눈부시게 내면의 소리로 흐른다.

180쪽. 15,000원

11. 영원한현실

애매모호한 구석이 없이 밝고 명쾌하여, 너무 도 분명함에 오히려 그 깊이를 헤아리기 어려운, 대원 선사의 주옥같은 법문을 모아 놓은 법문집이다.

400쪽. 15,000원

12. 바로보인 신심명

신심명은 양끝을 들어 양끝을 쓸어버리는, 40 대치법으로 이루어진, 3조 승찬 대사의 게송이다. 이를 대원 선사가 바로 번역하는 것은 물론, 주해, 게송, 법문을 더해 통쾌하게 회통하고 자유자재 농한 것이 이 『바로보인 신심명』이다.

296쪽. 10,000원

13~17. 바로보인 환단고기 (전5권)

『바로보인 환단고기』 1권은 민족정신의 정수인 환단고기의 진리를 총정리하여 출간하였다. 2권에는 역사총론과 태초에서 배달국까지 역사가 실려 있으며, 3권은 단군조선, 4권은 북부여에서부터 고려까지의 역사가 실려 있다. 5권에는 역사를 증명하는 부록과 함께 환단고기 원문을 실었다.

344 · 368 · 264 · 352 · 344쪽. 각권 12,000원

18~47. 바로보인 선문염송 (전30권)

선문염송은 세계최대의 공안집이다. 전 공안을 망라하다시피 했기에 불조의 법 쓰는 바를 손바닥 들여다보듯 하지 않고는 제대로 번역할 수 없다. 대원 선사는 전 공안을 바로 참구할 수 있게끔 번역하고 각 칙마다 일러보였다.

352 368 344 352 360 360 400 440 376 392
384 428 410 380 368 434 400 404 406 440
424 460 472 456 504 528 488 488 480 512쪽
각권 15,000원

48. 앞뜰에 국화꽃 곱고 북산에 첫눈 희다

대원 선사의 선문답집으로 전강·경봉·숭산·묵산 선사와의 명쾌한 문답을 실었으며, 중앙일보의 <한국불교의 큰스님 선문답> 열 분의 기사와 기자의 질문에 대한 대원 선사의 별답을 함께 실었다.

200쪽. 5,000원

49. 바로보인 증도가

선종사에 사라지지 않을 발자취로 남은 영가 선사의 증도가를 대원 선사가 번역하고 법문과 송을 더하였다.

자비의 방편인 증도가의 말씀을 하나하나 쳐가는 선사의 일갈이야말로 영가 선사의 본의중과 일치하여 부합하는 것이라 아니할 수 없다.

376쪽. 10,000원

50. 바로보인 반야심경

이 시대의 야부(冶父)선사, 대원 선사가 최초로 반야심경에 과목을 붙여 반야심경 내면에 흐르는 뜻을 밀밀하게 밝혀놓고 거침없는 송으로 들어보였다.

264쪽. 10,000원

51~52. 선(禪)을 묻는 그대에게 (전10권 중 2권)

대원 선사의 선수행에 대한 문답집.
깨달아 사무친 경지에 대한 밀밀한 점검과, 오후보림에 대한 구체적인 수행법 제시와, 최초의 무명과 우주생성의 원리까지 낱낱이 설한 법문이 담겨 있다.

280쪽, 272쪽. 각권 15,000원

53. 바로보인 선가귀감

선가귀감은 깨닫고 닦아가는 비법이 고스란히 전수되어 있는 선가의 거울이라 할 만하다. 더욱이 바로보인 선가귀감은 매 소절마다 대원 선사의 시송이 화살을 과녁에 적중시키듯 역대 조사와 서산대사의 의중을 꿰뚫어 보석처럼 빛나고 있다.

352쪽. 15,000원

54. 바로보인 법융선사 심명

심명 99절의 한 소절, 한 소절이 이름 그대로 마음에 새겨두어야 할 자비광명들이다.
이 심명은 언어와 문자이면서 언어와 문자를 초월한 일상을 영위하게 하는 주옥같은 법문이다.

278쪽. 12,000원

55. 주머니 속의 심경

반야심경은 부처님이 설하신 경 중에서도 절제된 경으로 으뜸가는 경이다. 대원 선사의 선송(禪頌)도 그 뜻을 따라 간략하나 선의 풍미를 한껏 담고 있다. 하루에 한 소절씩을 읽고 참구한다면 선 수행의 지름길이 될 것이다.

84쪽. 5,000원

56. 바로보인 법성게

법성게는 한마디로 화엄경의 핵심부를 온통 훤출히 드러내놓은 게송이다. 짧은 글 속에 일체의 법을 이렇게 통렬하게 담아놓은 법문도 드물 것이다.
이렇게 함축된 법성게 법문을 대원 선사가 속속들이 밀밀하게 설해놓았다.

176쪽. 10,000원

57. 달다 - 전강 대선사 법어집

이제는 전설이 된 한국 근대선의 거목인 전강 선사님의 최상승법과 예리한 지혜, 선기로 넘쳤던 삶이 생생하게 담겨 있는 전강 대선사 법어집 < 달다 > !

전강 대선사님의 인가 제자인 대원 선사가 전강 대선사님의 법거량과 법문, 일화를 재조명하여 보였다.

368쪽. 15,000원

58. 기우목동가

그 뜻이 심오하여 번역하기 어려웠던 말계 지은 선사의 기우목동가!

대원 선사가 바른 뜻이 드러나도록 번역하고, 간결한 결문과 주옥같은 선송으로 다시 보였다.

146쪽. 10,000원

59. 초발심자경문

이 초발심자경문은 한문을 새기는 힘인 문리를 터득하게 하기 위하여 일부러 의역하지 않고 직역하였다.

대원 선사의 살아있는 수행지침도 실려 있다.

266쪽. 10,000원

60. 방거사어록

방거사어록은 선의 일상, 선의 누림을 보여주는 대표적인 선문이다. 역저자인 대원 선사는 방거사어록의 문답을 '본연의 바탕에서 꽃피우는 일상의 함'이라 말하고 있다. 법의 흔적마저 없는 문답의 경지를 온전하게 드러내 놓은 번역과, 방거사와 호흡을 함께 하는 듯한 '토끼뿔'이 실려 있다.

306쪽. 15,000원

61. 실증설

이 책의 모태는 대원 선사가 2010년 2월 14일 구정을 맞이하여 불자들에게 불법의 참뜻을 보이기 위해 홀연히 펜을 들어 일시에 써내려간 이 책의 3부이다. 실증한 이가 아니고는 설파할 수 없는 일구 도리로 보인 이 3부와 태초로부터 영겁에 이르는 성품의 이치를 문답과 인터뷰 법문으로 낱낱이 설한 1, 2를 보아 실증하기를…

224쪽. 10,000원

62. 하택신회대사 현종기

육조대사의 법이 중국천하에 우뚝하도록 한 장본인, 하택신회대사의 현종기. 세간에 지해종도로 알려져 있는 편견을 불식시키는 뛰어난 깨달음의 경지가 여기에 담겨있다. 대원 선사가 하택신회대사의 실경지를 드러내고 바로보임으로써 빛냈다.

232쪽. 10,000원

63. 불조정맥 - 韓 · 英 · 中 3개국어판

석가모니불로부터 현 78대에 이르기까지 불조정맥진영(佛祖正脈眞影)과 정맥전법게(正脈傳法偈)를 온전하게 갖춘 최초의 불조정맥서. 대원 선사가 다년간 수집, 정리하여 기도와 관조 끝에 완성한 『불조정맥』을 3개국어로 완역하였다.

216쪽. 20,000원

64. 바른 불자가 됩시다

참된 발심을 하여 바른 신앙, 바른 수행을 하고자 해도, 그 기준을 알지 못해 방황하는 불자님들을 위해 불법의 바른 길잡이 역할을 하도록 대원 선사가 집필하여 출간하였다.

162쪽. 10,000원

65. 누구나 궁금한 33가지

21세기의 인류를 위해 모든 이들이 가장 어렵고 궁금해 하는 문제, 삶과 죽음, 종교와 진리에 대한 바른 지표를 제시하고자 대원 선사가 집필하여 출간하였다.

180쪽. 10,000원

66. 108진참회문 - 韓·英·中 3개국어판

전생의 모든 악연들이 사라져 장애가 없어지고, 소망하는 삶을 살게 하기 위해 대원 선사가 10계를 위주로 구성한 108 항목의 참회문이다. 한 대목마다 1배를 하여 108배를 실천할 것을 권한다.

170쪽. 15,000원

67. 달마의 일할도 허락지 않는다

대원 선사의 짧고 명쾌한 법문집.
책을 잡는 순간 달마의 일할도 허락지 않는 선기와 맞닥뜨리게 될 것이다. 때로는 하늘을 찌를 듯한 기세와, 때로는 흔적 없는 공기와도 같은 향기를 일별하기를…

190쪽. 10,000원

68. 마음대로 앉아 죽고 서서 죽고

생사를 자재한 분들의 앉아서 열반하고 서서 열반한 내력은 물론 그분들의 생애와 법까지 일목요연하게 수록해놓았다.

446쪽. 15,000원

69. 화두 - 韓 · 英 · 中 3개국어판

『화두』는 대원 선사의 평생 선문답의 결정판이다. 생생하게 살아있는 선(禪)을 한 · 영 · 중 3개국어로 만날 수 있다. 특히 대원 선사의 짧은 일대기가 실려 있어 그 선풍을 음미하는 데에 큰 도움을 주고 있다.

440쪽. 15,000원

70. 바로보인 간당론

법문하는 이가 법리를 모르고 주장자를 치는 것을 눈먼 주장자라 한다. 법좌에 올라 주장자 쓰는 이들을 위해서 대원 선사가 간당론에서 선리(禪理)만을 취하여 『바로보인 간당론』을 출간하였다.

218쪽. 20,000원

71. 완전한 우리말 불공예식법

부처님께 공양을 올리고 불보살님의 가피를 구하는 예법 등을 총칭하여 불공예식법이라 한다. 대원 선사가 이러한 불공예식의 본뜻을 살려서 완전한 우리말본 불공예식법을 출간하였다.

456쪽. 38,000원

72. 바로보인 유마경

유마경은 가히 불법의 최정점을 찍는 경전이라 할 것이니, 불보살님이 교화하는 경지에서의 깨달음의 실경과 신통자재한 방편행을 보여주는 최상승 경전이다. 대원 선사가 < 대원선사 토끼뿔 >로 이 유마경에 걸맞는 최상승법을 이 시대에 다시금 드날렸다.

568쪽. 20,000원

73. 실증설 5개국어판 - 韓 · 英 · 佛 · 西 · 中

대원 선사가 불법의 참뜻을 보이기 위해 홀연히 펜을 들어 일시에 써내려간 실증설! 실증한 이가 아니고는 설파할 수 없는 도리로 가득한 이 책이 드디어 영어, 불어, 스페인어, 중국어를 더하여 5개국어로 편찬되었다.

860쪽. 25,000원

74. 누구나 궁금한 33가지 3개국어판 - 韓 · 英 · 中

누구라도 풀어야 할 숙제인 33가지의 의문에 대한 답을 21세기의 현대인에게 맞는 비유와 언어로 되살린 『누구나 궁금한 33가지』가 한글, 영어, 중국어 3개국어로 출간되었다.

408쪽. 15,000원

75. 달마의 일할도 허락지 않는다 3개국어판 - 韓 · 英 · 中

대원 선사의 짧고 명쾌한 법문집인 『달마의 일할도 허락지 않는다』가 한글, 영어, 중국어 3개국어로 출간되었다. 전세계에서 유일하게 활선의 가풍이 이어지고 있는 한국, 그 가운데에서도 불조의 정맥을 이은 대원 선사가 살활자재한 법문을 세계로 전하고 있는 책이다.

308쪽. 15,000원

76~100. 화엄경 (전81권 중 28권)

대원 선사는 선문염송 30권, 전등록 30권을 모두 역해하여 세계 최초로 1,463칙 전 공안에 착어하였다. 이러한 안목으로 대천세계를 손바닥의 겨자씨 들여다보듯 하신 불보살님들의 지혜와 신통으로 누리는 불가사의한 화엄세계를 열어 보였다.

206, 256, 264, 278, 240, 288, 276, 224, 220, 236, 200, 208, 252, 224, 258, 302, 270, 249, 288, 244, 234, 228, 282, 240, 225, 220, 240 264쪽.

각권 15,000원

101. 법성게 3개국어판 - 韓 · 英 · 中

법성게는 한마디로 화엄경의 핵심부를 훤출히 드러내놓은 게송으로 짧은 글 속에 일체법을 고스란히 담아 놓았다. 대원 선사의 통쾌한 법성게 법문이 한영중 3개국어로 출간되었다.

376쪽. 15,000원

102. 정법의 원류

『정법의 원류』는 불조정맥을 이은 정맥선원의 소개서이다. 정맥선원은 불조정맥 제77조 조계종 전강 대선사의 인가 제자인 대원 전법선사가 주재하는 도량이다. 『정법의 원류』를 통해 정맥선원 대원 선사의 정맥을 이은 법과 지도방편을 만날 수 있다.

444쪽. 20,000원

103. 바로보인 도가귀감

도가귀감은, 온통인 마음〔一物〕을 밝혀 회복함으로써, 생사를 비롯한 모든 아픔과 고를 여의어, 뜻과 같이 누려서 살게 하고자 한 도교의 뜻을, 서산대사가 밝혀놓은 책이다. 대원 선사가 부록으로 도덕경의 중대한 대목을 더하고, 그 대목대목마다 결문(決文)하였다.

218쪽. 12,000원

104. 바로보인 유가귀감

유가귀감은 서산대사가 간추려놓은 구절로서, 간결하지만 심오하기 그지없으니, 간략한 구절 속에서 유교 사상을 미루어볼 수 있게 하였다. 대원 선사가 그 뜻이 잘 드러나게 번역하고 그 대목대목마다 결문(決文)하였다.

236쪽. 15,000원

출간도서

바로보인 전등록 전 5권
바로보인 무문관
바로보인 벽암록
바로보인 천부경·교화경·치화경
바로보인 금강경
세월을 북채로 세상을 북삼아
영원한 현실
바로보인 신심명
바로보인 환단고기 전 5권
바로보인 선문염송 전 30권
앞뜰에 국화꽃 곱고 북산에 첫눈 희다
바로보인 증도가
바로보인 반야심경
선을 묻는 그대에게 1·2
바로보인 선가귀감
바로보인 법융선사 심명
주머니 속의 심경
바로보인 법성게
달다 -전강 대선사 법어집
기우목동가
초발심자경문
방거사어록
실증설
하택신회대사 현종기
불조정맥 - 한·영·중 3개국어판
바른 불자가 됩시다
누구나 궁금한 33가지
108진참회문 - 한·영·중 3개국어판
달마의 일할도 허락지 않는다
마음대로 앉아 죽고 서서 죽고
화두 - 한·영·중 3개국어판
바로보인 간당론
완전한 우리말 불공예식법
바로보인 유마경
실증설 5개국어판 - 한·영·불·서·중
누구나 궁금한 33가지 3개국어판
- 한·영·중
달마의 일할도 허락지 않는다
3개국어판 - 한·영·중
화엄경 전 81권 중 28권
법성게 3개국어판 - 한·영·중
정법의 원류
바로보인 도가귀감
바로보인 유가귀감

출간예정 도서

화엄경 30권 ~ 81권
바로보인 능엄경 제6권
바로보인 원각경
바로보인 육조단경
바로보인 대전화상주 심경
바로보인 전등록 전 30권
바로보인 위앙록
해동전등록
말 밖의 말
언어의 향기
농선 대원 선사 선송집
진리와 과학의 만남
바로보인 5대 종교
금강경 야부송과 대원선사 토끼뿔
선재동자 참알 오십삼선지식
경봉선사 혜암선사 법을 들어 설하다
십현담 주해
불교대전
태고보우선사어록

법문 MP3를 주문판매합니다

부처님의 78대손이신 농선 대원 전법선사님의 법문 MP3가 나왔습니다. 책으로만 보아서는 고준하여 알기 어려웠던 선문의 이치들이 자세히 설하여져 있어서, 모든 궁금증을 시원하게 풀어줄 것입니다.

- 천부경 : 15,000원
- 금강경 : 40,000원
- 신심명 : 30,000원
- 법성게 : 10,000원
- 현종기 : 65,000원
- 법융선사 심명 : 100,000원
- 기우목동가 : 75,000원
- 반야심경 : 1회당 5,000원 (총 32회)
- 선가귀감 : 1회당 5,000원 (총 80회)

대원 선사님 작사 노래 CD 주문판매합니다

가슴으로 부르는
불심의 노래
1. 서 원 가 (3:36)
2. 반조 염불가 (4:00)
3. 소중한 삶 (2:30)
4. 석가모니불 (4:52)
5. 맹서의 노래 (4:25)
6. 염원의 노래 (3:25)
7. 음성 공양 (3:51)
8. 발 심 가 (3:05)
9. 자비의 품 (4:10)
10. 부처님 은혜(첫 번째) (4:34)
11. 보살의 마음 (3:50)
12. 이 생에 해야 할 일 (3:08)
13. 구도의 목표 (3:18)
14. 넘은 아시리 (3:42)
15. 부처님 은혜(두 번째) (4:34)
16. 성중성인 오셨네 (3:10)
17. 내 문제는 내가 풀자 (2:38)
18. 즐거운 밥 (2:27)
19. 관 음 가 (2:48)
정맥선원

• 가격 : 2만원

가슴으로 부르는
불심의 노래 2
1,부 처 님 (4:01)
2,열반재일 (3:09)
3,성도재일 (4:00)
4,석굴암의 노래 (3:19)
5,님의 모습 (3:15)
6,믿고 따르세 (2:55)
7,신명을 다하리 (4:17)
8,부처님께 바치는 마음 (3:49)
9,감사합니다 (3:10)
10,교 화 가 (4:30)
11,성천강 소초 (3:08)
12,권 수 가[1] (3:02)
13,권 수 가[2] (3:02)
14,우란분재일 (3:38)
15,고맙습니다 (2:31)
16,믿음으로 여는 세상 (3:05)
17,출가재일 (2:44)
18,염 원 (2:52)
19,우리네 삶, 고운 수로 (2:35)
20,숙속의 마음 (2:33)
佛心
정맥선원

• 가격 : 1만5천원

문의 전화 ☎ 031-534-3373

유튜브에서 채널 구독하시고
무료로 찬불가 앨범을 감상하세요

유튜브에서 MOONZEN을 검색하시거나
아래의 주소로 접속해주세요

http://www.youtube.com/user/officialMOONZEN

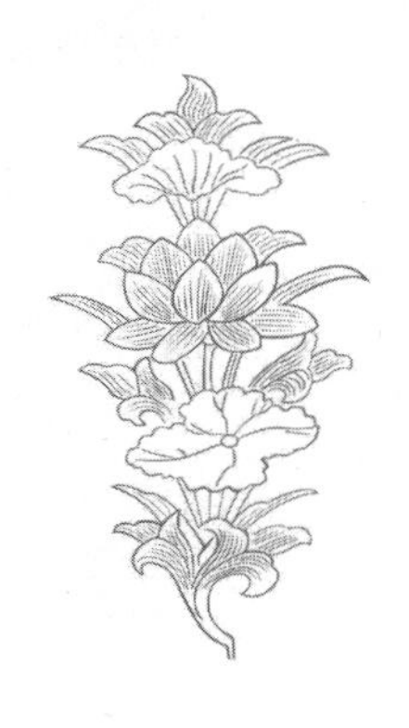

화엄경 29권은 성불사 국제정맥선원
명일 이 란 본연님, 김경한, 김건우,
김용례, 김석재, 문계옥의 보시에 의
해 출간되었습니다. 이 무량공덕으로
구경성불하시기를 기원합니다.